FINANZCOOP ODER REVOLUTION IN ZEITLUPE

FC-KOLLEKTIV

Mit Illustrationen von Paula Bulling und
einem Nachwort von Bini Adamczak

FINANZCOOP ODER REVOLUTION IN ZEITLUPE

Von Menschen, die ihr Geld miteinander teilen

BÜCHNER-VERLAG
Wissenschaft und Kultur

ISBN (Print) 978-3-96317-149-9
ISBN (ePDF) 978-3-96317-664-7

Bildnachweis Cover und Illustrationen im Innenteil: © Paula Bulling, paulabulling.net

Satz und Schaubild Seite 188/189: DeinSatz Marburg | tn
Gesetzt aus der Mark Pro und der Adobe Garamond Pro

Druck und Bindung: Schaltungsdienst Lange oHG, Berlin
Printed in Germany

Die verwendeten Druckmaterialien sind zertifiziert als FSC-Mix.

Bibliografische Informationen der Deutschen Nationalbibliothek

Die Deutsche Nationalbibliothek verzeichnet diese Publikation in der Deutschen Nationalbibliografie, detaillierte bibliografische Angaben sind im Internet über http://dnb.de abrufbar.

www.buechner-verlag.de

Inhalt

Vorab

Was bedeutet es, alles Geld, das man verdient, erbt, geschenkt bekommt oder schuldet, ohne Wenn und Aber mit einer Gruppe von Menschen zu teilen? Was bedeutet es, nur in Absprache und bedürfnisorientiert über Geld verfügen zu können, das man verdient, erbt oder geschenkt bekommt? Wenn man größere Ausgaben mit anderen diskutieren und planen muss? Wie verändert ein solches Modell, in dem Partner*innen nicht zwangsläufig ebenfalls Gruppenmitglieder sind, das Beziehungsleben? Was bedeutet es für die Frage von Nachwuchs, die Einstellung zur Erwerbsarbeit, die Altersabsicherung oder für das eigene Konsumverhalten? Und: Ist so ein Kollektiv unter Umständen auch eine Herausforderung für die Spielregeln, die sich der Kapitalismus für unsere Gesellschaft ausgedacht hat? Eine Provokation? Eine Parallelwelt? Ein Korrektiv? Vielleicht sogar: eine Revolution in Zeitlupe? Oder doch nur: eine Privatveranstaltung, die toleriert wird, weil sie nicht wirklich systemdestabilisierend wirken kann?

Die Texte des Bandes suchen nach Antworten auf diese und weitere Fragen. Sie sind der Versuch einer siebenköpfigen Solidargemeinschaft, ihr mittlerweile zwei Jahrzehnte währendes Leben mit diesem Modell einer »Finanzcoop« (abgekürzt: FC) für Außenstehende anschaulich zu machen. Hervorgegangen ist das Projekt einer solidarischen Ökonomie aus einer Göttinger Wohngemeinschaft, in der die gemeinsame Haushaltkasse für einen gewissen Ausgleich zwischen besser und schlechter gestellten Bewohner*innen sorgen sollte. Nach einigen Schwankungen in der Zusammensetzung sind aktuell sieben Erwachsene mit vier Kindern feste Mitglieder der Coop. Obwohl diese sich seit Langem auf vier verschiedene Standorte in Deutschland verteilen, funktioniert die Finanzcoop auch in Anbetracht der räumlichen Distanz. Alle sechs Wochen treffen sie sich von Freitag bis Sonntag, manchmal mit, manchmal ohne Kinder, um ihre Ausgaben zu planen sowie langfristige Regelungen für die gemeinsame Absicherung zu entwickeln. Alle zwei Jahre verbringen sie einen gemeinsamen Sommerurlaub inklusive Kindern und Hund.

Das Buchprojekt kam auf Initiative des Verlags zustande, kurz nachdem die vier neuen Gesellschafter*innen des Büchner-Verlags an ihrer vorherigen Arbeitsstelle überraschenderweise einem ganz gewöhnlichen »Betriebsübergang nach § 613 BGB« hatten beiwohnen können – mit all den unschönen Begleiterscheinungen, welche solche Transaktionen für die Betroffenen in der Regel mit sich bringen. Zu diesen gehörte die totale Realisierung des finanziellen Werts des gemeinschaftlich vorangebrachten Unternehmens durch eine einzelne Person (dem sogenannten »Einzelunternehmer«), der Verzug der eigenen Arbeitsplätze (in diesem Fall in Richtung eines touristisch attraktiven Mittelgebirges) und das Unverständnis des Käufers, dass die umworbenen Neu-Mitarbeiter*innen dieses Upgrade als Amputation aus dem sozialen Umfeld empfanden. Die Entscheidung Letzterer für den Abschied vom alten Arbeitsplatz, der für alle der erste und einzige in ihrem Leben gewesen war, und für die freundliche Übernahme des genossenschaftlich geführten Büchner-Verlags wurde dann aufseiten des neuen Arbeitgebers – der ebendas offensichtlich gerne gewesen wäre: ihr Arbeit*geber* – entschieden mit juristisch-ökonomischen Mitteln begegnet.

Man muss diesen Hintergrund für das Projekt nicht kennen, um die Texte der FC-Mitglieder mit großem Gewinn für die eigenen ökonomischen Realitäten in Familie, Partnerschaft und Gesellschaft zu lesen. Darum zu wissen, macht aber vielleicht noch einmal deutlicher, dass am Anfang nicht allein das Bedürfnis der FC stand, das Modell ihrer ökonomischen Solidargemeinschaft im Schaufenster eines Buches auszustellen. Hinzukam das verlagsseitige Bedürfnis, die Erfahrungen der FC auch als Resonanzraum für die eigenen systembedingten Unzufriedenheiten zu nutzen, um die gemachten Erfahrungen und die aufgestaute Wut gemäß der *Lemons-to-Lemonade*-Formel für die Zukunftsplanung konstruktiv zu machen.

Dasselbe transformative Potenzial sollen die Texte dieses Buches nun auch im weiteren Rahmen entfalten. Sie sind im genannten Zeitraum von anderthalb Jahren entstanden und überwiegend Rückmeldungen auf »Schreibimpulse« vonseiten des Verlags. Das »Tischgespräch« am Ende des Bandes ist der Zusammenschnitt einer abschließenden gemeinsamen Zusammenkunft mit kulinarisch-alkoholischer Unterstützung.

Die für das Projekt angesprochene Illustratorin Paula Bulling hat den Texten mit einer Reihe von Zeichnungen zu einem visuellen Echo und einem bildlichen Weiterdenken verholfen, während die Wissenschaftlerin und Künstlerin Bini Adamczak in ihrem Nachwort kritisch-theoretische Perspektiven auf wiederkehrende Themen des Bandes eröffnet.

Alle Autor*innen haben ihre eigene Stimme und sind in gewisser Hinsicht für die Leser*innenschaft unschwer wiedererkennbar. Trotzdem werden sich im Folgenden die Mitglieder der FC in wenigen Sätzen kurz vorstellen. Ein Zeitschema gibt einen groben Überblick über die Genese der Gruppe und ein Dokument aus der gruppeninternen Buchführung bietet einen Einblick in die praktische Umsetzung einer geteilten Ökonomie. Beide Ansichten finden sich ganz hinten im Buch.

Die FC freut sich über Rückmeldungen, seien es kritische Nachfragen oder inspirierende Kommentare, und steht für die Vernetzung, Diskussion, Veranstaltungsplanungen oder auch einfach einen Erfahrungsaustausch zur Verfügung. Der Verlag freut sich, bei der Kontaktaufnahme behilflich zu sein: info@buechner-verlag.de

Marburg, im März 2019

Die Autor*innen

FC-Kollektiv

Branka Bataki (anglophil und daher *40ish*, sprich: *fortyish*), schwäbisch sozialisiert, lebt aber schon lange in Norddeutschland. Lohnarbeitet als Notaufnahmeärztin (*jack of all trades, master of none*). Seit Jahrzehnten lebt sie mit ihrem Partner Nico zusammen, jedoch in verschiedenen WGs wohnend. Die beiden haben ein gemeinsames Kind, miss anthrop, das dieses für alle angenehme Konstrukt »Zweihause« nennt. Sie ist Antirassismus-Aktivistin, die auch von einem *global health system* träumt, mit offenem Zugang zu guter medizinischer Versorgung für alle weltweit. Sie hätte so gerne eine Katze und ihr persönliches Lebensziel ist es, irgendwann ihre Beine ganz gerade strecken zu können.

Gerd (46), gelernter Tischler, abgebrochenes Alibi-Pädagogik-Studium. Hält mit vier Freund*innen ein Bio-Mitgliederladen-Kollektiv erfolgreich am Leben; (meist) begeisterter Vater einer willensstarken Tochter (12), spielt Theater, liebt Musik und legt sie auf. Will eigentlich gerne alle Instrumente beherrschen und sich mit einer Band in sämtliche Herzen und Playlists spielen, konsumiert mit Begeisterung Filme, Serien und Geschriebenes. Erklärter Feind aller Auberginen, Pilze und Faschos. Würde am liebsten mit einem eigenen großen Bus durch die Weltgeschichte gondeln und das Schnarchen sein lassen. Hat immer Recht.

Jan (44), lebt als letzter seiner Art in Göttingen, zwischen Anspruch und Wirklichkeit, Tomaten und Kindern, selbstbestimmter Arbeit und Freizeitstress. Versucht das gute Leben in der schlechten Welt und hat Spaß dabei … Nie dogmatisch, aber meistens konsequent. Versucht die Welt immer noch besser zu machen und stellt sie infrage, doch nie die FC.

Kerstin (41), Journalistin mit Angst vor schlechten Nachrichten und Schreibblockaden. Seit vier Jahren Mutter. DDR-Kind. Glaubt – vielleicht auch deshalb – Nazis gegen den Wind riechen zu können. Schläft am liebsten in Büchern und Platten, auch wenn sie es nicht schafft, sie zu lesen und zu hören; steht, sitzt und läuft lieber draußen als drinnen.

Norman, in ländlicher Gegend aufgewachsen, mühsamer zweiter Bildungsweg, aber jetzt bei ElitePartner. Kollektiv- und diskurserfahren. Bis neulich anachronistischer Vinyl-Techno-DJ mit mehr Soligigs als ›Slime‹. Professioneller Kinderversteher und privater Elternkritiker. Dozierender in verschiedenen akademischen Talkshows. Keine Marotten.

Tom (46), plötzlich in Berlin gelandet, obwohl er eigentlich immer aufs Land wollte. Möglicherweise nur ein Umweg. Ist Pädagoge, arbeitet aber mit Musiker*innen. Musik, vor allem Live-Musik, spielt auch seit vielen Jahren eine bestimmende Rolle in seinem Leben. Und es ist kein Ende in Sicht. Arbeitet lieber im Team und auf Augenhöhe als alleine. Dabei hält er sich eher an alte (LP, CD, Bücher) denn an neue (soziale) Medien und fragt sich schon länger, ob er da nicht viel zu viel alten Ballast mit sich rumschleppt. Weigert sich hartnäckig, sein numerisches Alter zu akzeptieren. Um nicht wahnsinnig zu werden ob der Welt da draußen, liest er manchmal tagelang keine Zeitung. Macht dafür aber Sport.

Zora (45), lebt in Hamburg und war lange in Queeren-/Frauen-Lesben-WGs zu Hause. Findet »Kühlschrankkommunismus« ein wahnsinnig bescheuertes Wort, hat den Inhalt dessen aber immer gelebt. Nach Riders Geburt zerbrachen WG und Hausprojekt, leckt noch Wunden, nun in kleinfamiliärem Regenbogenzuhause, und träumt von 50+WGs. Fühlt sich aktuell furchtbar älter werdend. Ist burnout-durchgeschüttelte Kinderärztin mit großer Liebe zum Beruf, was ihr grad aber eher ein Bein stellt. Fährt immer Fahrrad, macht das Licht aus und kann von individuellem Energiesparen und dem Mitverantwortungsgefühl für diese Welt nicht desillusioniert oder zynisch lassen.

Illustratorin

Paula Bulling, geb. 1986, arbeitet freiberuflich als Illustratorin und Comiczeichnerin in Berlin. Sie studierte Illustration an der Burg Giebichenstein Kunsthochschule Halle und widmet sich vorrangig politischen Themen. Sie publiziert in zahlreichen Ländern und wird von renommierten Magazinen nachgefragt.

Nachwort

Dr. Bini Adamczak lebt in Berlin und arbeitet als Autorin und Künstlerin zu politischer Theorie, queerfeministischer Politik und der vergangenen Zukunft von Revolutionen.

Was ist die Finanzcoop (FC)?

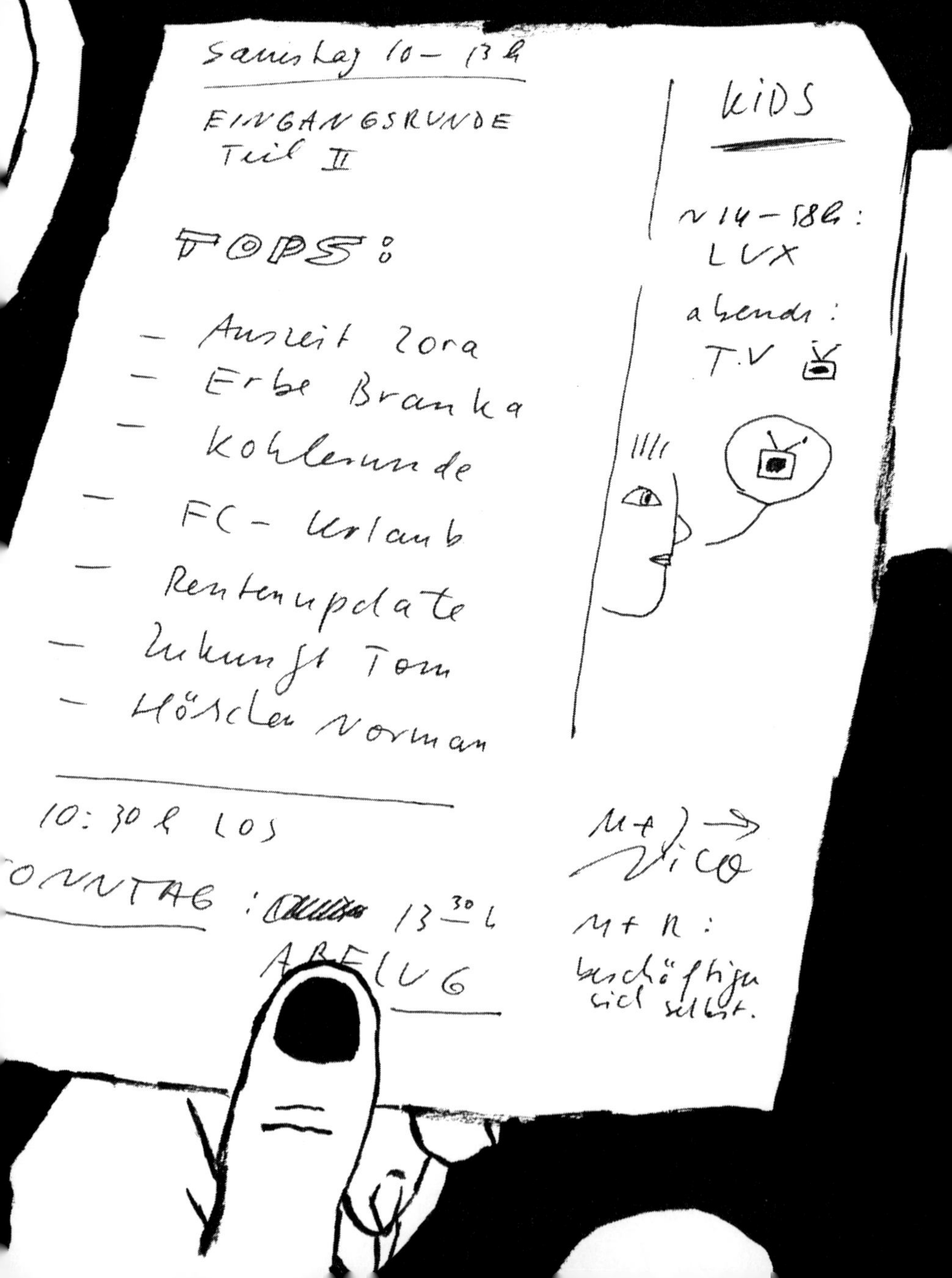

Norman Empathie für das Sein der anderen

Das Gründungsnarrativ der Finanzcoop geht in etwa so: Sich den Ungerechtigkeiten des Kapitalismus auf einfache Weise bewusst werdend, beschließt unsere Wohngemeinschaft, die individualisierten Einkommensverhältnisse abzuschaffen und stattdessen alle persönlichen Einnahmen und Ausgaben zu kollektivieren. Die Haushaltskasse, eine Blechdose in Form eines Omnibusses im Küchenschrank, wurde zur Alltagskasse umfunktioniert, in die jede*r tat, was er oder sie hatte, und herausnahm, was er oder sie brauchte. Das Schlüsselerlebnis für diesen Schritt, der allen sehr radikal erschien, aber mit erstaunlicher Leichtigkeit vonstattenging, ergab sich, so die Gruppenerzählung, im Rahmen eines geplanten Ausflugs. Die in Göttingen ansässige WG wollte die Schirn Kunsthalle in Frankfurt am Main besuchen, um dort eine Ausstellung des Bildhauers Alberto Giacometti zu sehen (der mit den dünnen Skulpturen). Während einige dies eine selbstverständliche Form der kulturellen Freizeitgestaltung fanden, stellte es für andere mindestens zwei hohe Anforderungen. Die erste bestand in einem Unverständnis der Kunstform an sich. Die zweite, natürlich damit verbunden, im Mangel der finanziellen Möglichkeiten. Im Gründungsnarrativ spielt die erste Anforderung eine untergeordnete Rolle. Erzählt wird von den langen Gesprächen, in denen deutlich wurde, dass die unterschiedlichen sozialen Lagen der Einzelnen im Kollektiv aufgefangen werden sollten. Nichts anderes konnte aufgrund des politischen Anspruchs und der Empathie der Beteiligten die Lösung sein.

Für mich ist die Finanzcoop der größte Kompensator meiner misslichen sozialen Herkunft. Möglicherweise war besagter Ausflug mein erster Besuch einer Kunstausstellung überhaupt und ich durch die Anforderungen verunsichert. Es ist nicht so, dass mich Giacometti heute interessiert, aber die Finanzcoop hat mir erst die Option gegeben, mich gegen ein Interesse zu entscheiden.

Die Finanzcoop bietet die Möglichkeit, die gesellschaftlichen Felder zu durchwandern, und macht es leichter, die vorbestimmten Plätze zu verlassen. Prekäre Beschäftigungen, Vollzeitarbeit, Krisen, zu viel Arbeit, zu wenig Arbeit, politische Arbeit, Überforderungen durch Erbschaften, Angst vor fehlender Absicherung – all das findet und bildet finanziellen Ausgleich und vor allem persönliche Unterstützung und Auseinandersetzung. Der politische Anspruch ist internalisiert oder kommt zu kurz, da bin ich mir manchmal nicht sicher. Aber immer ist da Empathie für das Sein der anderen. Die Finanzcoop ist Reflexion über all das, was Arbeit und Geld mit uns machen.

Branka Alles unser Geld

Die Finanzcoop, das sind sechs Leute (und ich), die ihr Geld teilen: die Alltagsökonomie. Teilweise seit zwanzig Jahren. Und das, obwohl wir unseren Alltag nicht teilen. Dafür teilen wir uns regelmäßig mit, was uns bewegt, erschüttert oder beflügelt, bei den Wochenendtreffen, die ungefähr alle sechs bis acht Wochen stattfinden.

Wir alle können niemals unser *eigenes* Geld verdienen, ausgeben, sparen oder verschenken, sondern immer nur *unser* Geld.

Bei allen Wegen, die wir als kritische und politisch denkende Menschen in der Vergangenheit bereits gegangen sind: Der Schritt von der individuellen zur bedürfnisorientierten gemeinsamen Alltagsökonomie war für uns der umwälzendste, aber gleichzeitig auch der einfachste. Die Idee entstand im Kleinen, in einem günstigen Moment – in einer Wohngemeinschaft, in der finanzielle Unterschiede zwischen den einzelnen Bewohner*innen spürbar waren und aus dem empathisch-solidarischen Wunsch heraus, diese Unterschiede auszugleichen. Als Vorbereitung und

Praxisanleitung lasen wir lediglich das Kapitel »Gemeinsame Ökonomie« aus dem KommuneBuch und fingen dann einfach an. Vor allem die Anfangsphase war eingebettet in eine politische Debatte: Wie es zu schaffen sei, politisches Engagement, angenehmes Leben und ökonomisches Überleben auf Dauer zu ermöglichen. Aus dieser Debatte entstanden in dieser Zeit noch zwei weitere Finanzcoops und im Laufe der Zeit darüber hinaus – demselben Geist verpflichtet – drei weitere Kollektive. Was von den Ursprungsideen übrig geblieben ist oder was diese Ideen in den letzten zwanzig Jahren möglicherweise ersetzt hat, wäre möglicherweise im nächsten Finanzcoop-Urlaub zu thematisieren. Die anfängliche Vorstellung, dass wir uns gegenseitig ab und an mit dem Lohnarbeiten ablösen könnten, um uns reihum immer wieder Auszeiten zu ermöglichen, ist jedenfalls wegen großer Unterschiede der jeweiligen Löhne nicht so ohne Weiteres möglich.

Und trotzdem: Wie durch ein Wunder läuft und läuft und läuft es. Zu diesem Wunder tragen wir alle selbst bei mit einer Balance aus Sich-Einlassen und Abgrenzen, mit Nachfragen oder Kritik und so mancher ernsten Auseinandersetzung. In einem Fall auch mit Hilfe einer genialen Mediation. Bei uns allen gibt es den Wunsch nach unendlichem Bestehen und doch auch ein Bewusstsein, dass es dafür keine Garantie geben kann. Immer wieder braucht es ein Abstimmen der Bedürfnisse, was Konsumwünsche angeht oder den Wunsch nach Absicherung. So wie auch wir uns langsam wandeln und sich unsere ökonomische Situation verändert, so wandeln sich auch die Themen, die bei unseren Begegnungen im Vordergrund stehen.

Aktuell sind das die noch nicht gelöste Frage der gemeinsamen Absicherung im Alter oder die noch nie besprochene Finanzierung der Ausbildung der vier FC-Kinder. Ein sich über Jahrzehnte im Schneckentempo dahinschleichendes Thema ist das der Regelung der Ersparnisse und Erbschaften. Ein lange aufgeschobener Komplex und dann doch erstaunlich schnell abgearbeitetes Thema waren die gegenseitig erteilten Vorsorgevollmachten und

Patientenverfügungen. Als kleinere Baustelle würde ich außerdem noch die individuellen Testamente bezeichnen.

Die FC bietet sowohl Sicherheit und Kontinuität als auch Freiräume. Teilweise hat sie familiären Charakter, dann wieder innig-freundschaftliche Züge und manchmal, in ganz besonderen Momenten, weht ein wunderschöner Hauch von gelebter Utopie.

Das KommuneBuch. Alltag zwischen Widerstand, Anpassung und gelebter Utopie. Hrsg. vom Kollektiv KommuneBuch. Göttingen: Verlag Die Werkstatt, 1996 (darin: Dieter Bensmann: »Gemeinsame Ökonomie«, S. 196–230).

Kerstin Eine Brücke über Leistungsdruck und Systemzwänge

Wenn ich über »meine Finanzcoop« spreche, tue ich das immer mit einem Maß an Selbstsicherheit und Vertrauen in sie und die Idee, die sie mir seit Jahren gibt und ermöglicht. Auch wenn sich dieses Vertrauen nicht unbedingt in jeder Phase und jeder Erfahrung unserer aller Leben spiegelt, die wir im Rahmen unseres Kollektivseins miteinander teilen.

Anerkennung, so wichtig sie ist, ist in meinem Leben nicht unbedingt eine Empfindung, die mir besonders »gebräuchlich« ist. Ich sage dann meistens: Ich freue mich über dieses und jenes, das geschafft ist, das Du geschafft hast, das jemand, den ich gern mag, geschafft hat. Ich freue mich sehr über meine, unsere, »die FC«. Sie hat etwas geschafft, was ich nicht für möglich gehalten hätte. Nicht angesichts der sich seit 1989 in meinem Leben vollziehenden kapitalistischen Verökonomisierung sämtlicher Lebensbereiche. Unter bestimmten Bedingungen, über die noch zu reden sein wird (Stichworte Privilegien, Biografien, Identität, Homogenität etc.) ist es mit der FC gelungen, eine Brücke zu schlagen über einen Teil des Leistungs- und Lohnerwerbsdrucks, der unsere neoliberale Gesellschaft wie nichts sonst kennzeichnet. Ich konnte mich, um ehrlich zu sein, diesem bislang weitestgehend entziehen. Ein großes Geschenk, das ich weiterzugeben versuche, indem ich Zeit aufbringe für die Menschen, die mir nahestehen und die mir wichtig sind, für Dinge, die mich umtreiben und damit nicht zuletzt auch für mich selbst. Mehr Zeit, als es sonst in dem Berufsfeld möglich wäre, in dem ich vor einiger Zeit beschlossen habe, unterwegs zu sein. Noch dazu mit einem kleinen Kind und mit einem Partner, der mitunter unter dem großem Druck seiner Freiberuflichkeit steht. Mein Leben scheint mir etwas krisenfester in einer Welt und einer Zeit, in der die allumfassende Krise ständig beschworen wird und in der Letztere – nicht zuletzt im individuellen Sinne – auch immer wieder über jede*n Einzelne*n von uns hereinbricht. Dazu gehört (auch wenn die Lebensstandards meines Umfelds nicht von immensen Ansprüchen geprägt sind): Alle Menschen, die ich kenne, unterliegen dem Druck der finanziellen Erfordernisse und den damit verbundenen Fragen, die manchmal nicht zu beantworten oder nur schwer planbar sind: Karriere – ja oder nein? Altersvorsorge – ja oder nein? Den Weg vom Amt weg versuchen, ohne staatliche Leistungen – ja oder nein? In der Familie/Liebesbeziehung gemeinsam wirtschaften und damit Abhängigkeiten schaffen – ja oder nein? Und wenn ja: Wie? Und wenn nein: Was dann? Das sind nur einige Beispiele. In der Finanzcoop stellen sich die Fragen auch, aber wir müssen sie nicht als Individuum beantworten. Wir können, aber wir müssen nicht. Wir sind uns in familiärer Freundschaft verbunden, verbringen gern Zeit miteinander, sind vertraut im alltäglichen Umgang, ohne immer zusammenleben zu wollen – obwohl wir das sogar könnten, wenn wir müssten. Inmitten der Alltagsgefechte gerät mir manchmal das Wort aus dem Blick, das mir eines der wichtigsten in meinem Leben ist und das – auch wenn wir uns als FC nicht so nahestünden durch das, was wir alles voneinander wissen – immer noch das Wort wäre, das am Anfang unserer gemeinsamen Alltagsökonomie steht und ihr Fundament bildet: Solidarität.

Jan Finanzcoop – meine Liste

Eine Familie, die ich mir ausgesucht habe.
Ein Schirm in stürmischen Zeiten.
Eine wiederkehrende Infragestellung meines Lebens und gleichzeitig ein steter Quell der Bestätigung.
Die Chance, neue Dinge zu entwickeln, ohne Druck.
Eine Entspannungsgruppe.
Der Versuch, politische Ansprüche mit der Wirklichkeit zu verknüpfen.
Eine Emorunde.
Die FC würde ich mit auf die einsame Insel nehmen, wenn ich nur eine Sache mitnehmen dürfte.
Eine Konstante.
Viel mehr als geteiltes Geld.
Reden und zuhören und sogar gehört werden.
Partycrew und Hängerhaufen.
Netzwerk in allen Lebenslagen.
Ein Lebensprojekt.
Und immer wieder Höhepunkt des Monats, und doch auch manchmal Pflicht.

Zora Gang, Wahlfamilie, alternativlos

FC. Das ist Gang (sprich: Gääng), Wahlfamilie, Ex- und Möchte-gern-wieder-WG, alternativlos.

Was anfing als WG-Experiment – eine Kasse für den kompletten Alltag und damit auch über die Haushaltskasse hinaus – hat sich über nun zwanzig Jahre gemausert, gewandelt, institutionalisiert, ritualisiert, verfestigt und gelockert, und ist sehr komplex geworden.

Das tagesaktuelle Einkommen auf ein Konto tun ist das eine. Dann geht es darum, Bedürfnisse zu sortieren – gerade wenn es enger ist (was es lange Jahre war, derzeit eher nicht ist): Wem ist wie selbstverständlich, ob mensch mal essen geht? Urlaube wie und wo? Muss ein Auto sein? Geld für teurere Drogen? Wieviel Technik »muss« mensch haben? Frühbucherticket, Trampen, oder Mitfahrgelegenheit …? Bioladen, Aldi, Containern, Ladendiebstahl? Bewerte ich den Lifestyle der anderen – darf oder muss ich das? Hinterfragen oder auch mal ein Veto? Wenn ich weniger Geld einbringe, beschneide ich meine Bedürfnisse eher? Oder spüre ich mehr »Rechte«, teurere Bedürfnisse anderer zu hinterfragen, wenn ich gerade viel Geld einbringe?

Und es geht um die mitgebrachte Ungleichheit: Aus was für einem Elternhaus komme ich? Welchen Umgang mit Geld habe ich gelernt? Habe ich ein Erbe zu erwarten? Mit wie viel finanzieller Un-/Sicherheit schaue ich in die Zukunft?

Wie können wir uns allen eine »Rente sichern« – d. h. ja letztlich: eine Perspektive auf finanzielle Grundsicherung auch in zwanzig, dreißig und vierzig Jahren gestalten, wenn der Sozialstaat weiter demontiert ist, die Lohnarbeitsfähigkeit schwindet (von -lust ganz zu schweigen)?

Und: Sind das nicht alles Luxussorgen? Wie können wir als kleine Finanzcoop ein klein bisschen auch die Welt verbessern, nach außen wirken?

Tom FC – Freundschaft, Familie, Säule

Seit knapp 15 Jahren ist die FC ein fester Bezugsrahmen für mich. Einerseits der Ort, um über Geld zu reden, zu diskutieren oder (eher selten) zu streiten. Andererseits ein nicht nur emotionaler, sondern auch ganz pragmatischer finanzieller Rückhalt für mich als Selbstständiger ohne geregeltes und festes Einkommen.

Aber darüber hinaus ein Kontinuum. Wohngemeinschaften wechseln. Manchmal gar Städte. Beziehungspartner*innen kommen und gehen, aber die FC bleibt. Quasi unhinterfragt – denn was bitteschön gibt es da zu hinterfragen? Die FC steht für »sexy« Diskussionen über Rente und Testamente und hat manchmal sogar etwas von einer regelmäßigen Therapiesitzung. Wenn alle ihre Wehwechen und aktuellen Blessuren oder aber auch Großartigkeiten auspacken.

Das ist teilweise so nah und eng, dass die jeweiligen Beziehungen sich bis zu Eifersuchtsszenen hinreißen lassen.

Zudem immer wieder ein ausschweifendes Gesprächsthema mit Menschen, die noch nie von so einem Konstrukt gehört haben. »Klingt toll, könnte ich aber wohl nicht«, ist da wohl die gängigste Reaktion, die ich zu hören bekomme. »Ist toll und klar kriegste das hin«, könnte ich jedes Mal antworten.

Gerd Die Möglichmacherin

Meine Finanzcoop ist
ein Netz,
eine Familie jenseits des Alltagslebens,
mein größter Kritiker und gleichzeitig Bestätigung,
eine Konstante,
eine Möglichmacherin,
eine manchmal notwendige Bremse,
mehr als die Summe ihrer einzelnen Teile,
eine verlässliche Beraterin,
ein Ort für Themen, mit denen man sich sonst oft alleingelassen fühlt,
eine Vermittlerin unterschiedlichster Lebenskonzepte,
vierzehn offene Ohren,
ein Pool an Ideen und manchmal auch Besserwissereien
und lebt wie jedes Kollektiv von gemeinsam erarbeiteten Kompromissen …
kurz
»Finanzcoop ist eine warme Jacke«.

Natürlich reden wir nicht nur über Finanzen, Geld, Erbe oder Rente … im Gegenteil: Um locker und gelöst über solche Themen sprechen zu können, muss es auch um unsere individuellen Leben und Befindlichkeiten gehen. Wo stehen wir jeweils gerade, und wo wollen wir hin mit unseren nicht unbedingt identischen Lebensentwürfen?

Aber diesen Ort – diese Gruppe, dieses Konstrukt »Finanzcoop« – zu haben, an dem man auch mit ebensolchen Themen nicht alleingelassen wird, die eher unsexy oder »rote Tücher« sind und über die die allermeisten eigentlich weder mit ihrer Familie noch mit ihrem Freundeskreis reden: Das ist mit der größte Luxus in meinem Leben!

Beziehungsweisen

Gerd Überwindbare Differenzen

Ach ja, Beziehungen … und Gruppen … und Gruppen und Beziehungen. Ein Thema, das sich, wie der Unterpunkt »Kinder«, eigentlich am besten im großen Feld »Unterschiedliche Lebensentwürfe« unterbringen lässt.

Das kollektive Miteinander lebt ja bekanntlich von Kompromissen bzw. der Bereitschaft dazu. Das ist schon bei sieben Dickköpfen nicht immer ganz einfach (aber dann wärs ja auch langweilig) und je größer ein Kollektiv wird, desto kleiner ist die Chance auf geistige Beweglichkeit. Und klar: wenn alle dann noch die Liebe ihres Lebens mit in die Gruppe einbringen, führt das nicht unbedingt zu mehr Leichtigkeit in der Entscheidungsstruktur.

Ich kann mich ehrlich gesagt nicht mehr daran erinnern, ob ich mir vor meinem Beitritt zur Finanzcoop überhaupt Gedanken dazu gemacht habe, aber irgendwie war es für mich von vornherein klar, dass meine Lebensabschnittspartnerin nicht Teil der Coop sein könne. Im Blick zurück muss ich zugeben, dass ich meine Freundin zu dem Zeitpunkt unbewusst und automatisch von der Gruppe ausgeschlossen habe. Dies ist mir tatsächlich auch erst aufgefallen, nachdem sie mich damals mehrmals darauf ansprach.

Haben wir da als Gruppe eigentlich jemals drüber gesprochen? Oder hat schon ein kurzes geistiges Rollenspiel, wie es mit der Partnerin gemeinsam in der FC wäre, gereicht, um das Thema gar nicht erst auf den Tisch kommen zu lassen?

Nun lässt sich so eine Entscheidung als Gruppe noch relativ leicht treffen, aber im Alltag, der die Partnerin als Lebensgemeinschaft ja meist viel direkter betrifft als alle anderen, ist das Ganze gerade bei einem so sensiblen Punkt wie »Finanzen« dann doch nicht so ohne Weiteres abgehakt und selbstverständlich.

Innerhalb der darauf folgenden Beziehung war das Thema zunächst gar nicht besonders akut, da meine Partnerin selbst Teil einer anderen Finanzcoop war. Zum einen bedurfte dadurch vieles einfach keiner Erklärung oder Diskussion, zum anderen stand eine gemeinsame Ökonomie in der Partnerschaft, die bei anderen längeren Beziehungen schnell mal selbstverständlich wird, gar nicht zur Debatte.

Erste Real-Berührungen der beiden Gruppen wurden dann akut, als meine Partnerin und ich gemeinsam ein Kind erwarteten. Nicht nur, dass es damals für unsere Finanzcoop das erste »Coop-Kind« sein sollte (und wieder: Hallo, unterschiedliche Lebensentwürfe!). Es stellte sich plötzlich auch die Frage des praktischen Umgangs mit der Situation, dass meine schwangere Freundin ab einem bestimmten Zeitpunkt durch naturbedingte Arbeitsunfähigkeit natürlich kein volles Gehalt mehr in ihre Coop einbringen konnte.

Abgesehen davon, dass der direkte Austausch mit einer anderen Coop ziemlich spannend (wenn auch auf beiden Seiten gefühlt leicht krampfig) war, war es beruhigend zu merken, dass wir auch gruppenübergreifend relativ fix und unkompliziert zu einer gemeinsamen Lösung kamen: Wenn ich mich richtig erinnere, fingen wir die Differenz zwischen Lohn und Elterngeld jeweils zur Hälfte auf. Allerdings wurden durch die Elternschaft plötzlich andere Faktoren akut, die uns bisher weder in der Gruppe noch in der Beziehung beschäftigt hatten. Uns allen war sicherlich klar, dass ein Kind im Familienalltag und Gruppenleben sowieso alles umkrempelt, aber von den konkreten Auswirkungen mussten wir uns dann doch erst Stück für Stück überraschen lassen.

Sobald unsere Tochter alt (und … naja … reif) genug dafür war, von mir zu den Treffen mitgenommen zu werden, bedeutete das für die Coop, sich plötzlich auf eine neue, fremdgesteuerte Treffensstruktur einzulassen. Ein Prozess, der sich bei zunehmender Kinderzahl in der Finanzcoop bis heute noch in der Entwicklung befindet.

Ein gemeinsames Kind bedeutete für mich aber auch das Entstehen einer neuen Form des Miteinanders in meinem Leben. Auf einmal, und vorher nicht bedacht, ergaben sich lebenspraktisch bedingte Veränderungen wie ein gemeinsames Wohnen mit der Partnerin und gemeinsame Anschaffungen. Plötzlich trifft mensch Entscheidungen abseits des Finanzkollektivs nicht mehr nur für sich selbst.

Hier bremst es dann natürlich gehörig den beziehungsinternen *flow* aus, wenn man sich vor der gemeinsamen Anschaffung eines Wickeltischs, den man in einem eventuell mühsamen, weil geschmacksbestimmten Prozess ausgesucht hat, noch mit den anderen FC-Mitgliedern absprechen muss. Erst recht, wenn die Gruppe dann (zu Recht) mitreden will und freundlich darauf hinweist, dass die Investition doch nun wirklich nicht nottut und man doch gerne das olle Teil nehmen könne, welches der Bruder von dem Onkel eines entfernten Freundes noch auf seinem Dachboden in München stehen hat. Puh! Aber was ist jetzt hier eigentlich *mein* Bedürfnis? Und mit welcher Vehemenz vertrete ich das vor der Coop?

Durch die parallele Existenz der beiden Finanzcoops war das Ganze allerdings relativ lange unkompliziert oder zumindest kein größeres Thema. Erst mit der Auflösung der Coop meiner Freundin bzw. einige Zeit danach mehrte sich bei ihr das Bedürfnis nach einer Vereinfachung im Umgang mit beziehungsinternen Investitionen. Dabei mag einerseits das Trauern um das Scheitern des eigenen Projekts bzw. die Eifersucht auf das Fortbestehen meiner Gruppe eine Rolle gespielt haben. Aber in erster Linie war es wohl das plötzlich entstandene Ungleichgewicht in der Leichtigkeit des alltäglichen gemeinsamen Umgangs mit den Kleinfamilienfinanzen, welches nun von Mal zu Mal mehr in den Vordergrund trat und für Unzufriedenheit sorgte.

Diese gefühlte Schieflage hat sich dann auch relativ fix in eine konkrete Forderung nach Lösung der Situation verwandelt, was mir zunächst so einige Probleme bereitete: Denn eigentlich geht es in der Coop meiner Meinung nach ja auch grundsätzlich um die Auflösung von Unterschieden und damit um die Schaffung gleicher Voraussetzungen für alle. Aber wie so oft ist das krampfhafte Festhalten an theoretischen Konstrukten im Rahmen ihrer praktischen Umsetzung etwas blind gegenüber den realistischen Gegebenheiten. Natürlich ist es in der Coop erstrebenswert und wichtig, dass nur ein gemeinsames Konto für alle existiert und dass niemand davon Geld für beispielsweise eigene Ersparnisse abzweigt. Aber im gemeinsamen finanziellen Alltag wird schnell klar, dass unterschiedliche Lebenssituationen innerhalb der Gruppe auch flexible Lösungen zulassen müssen. Sei es ein eigenes Konto für den Selbstständigen und seine Firma, für die persönliche Beantragung einer Kreditkarte, staatliche Zuschüsse, die personengebunden sind oder eben, wie in diesem Fall, für die Erleichterung von gemeinsamen Ausgaben in der Kleinfamilie.

Dennoch sollten solche Lösungen, die vom Modell des einen, geteilten Kontos abweichen, Ausnahmen bleiben, und deshalb fiel mir das Einbringen dieses Bedürfnisses in die Gruppe nicht besonders leicht. Zumal es ja nicht direkt mein persönliches Anliegen war, sondern ich mich quasi als »Botschafter« unserer Beziehung sehen und verhalten musste.

Und dann war es, wie eigentlich immer, doch relativ unkompliziert: Niemand von uns (außer mir anscheinend) fand das Bedürfnis oder den Vorschlag zur praktischen Umsetzung groß problematisch. Also haben wir als Familie unsere monatlichen Fixkosten addiert, einen Puffer für gemeinsame Anschaffungen dazugerechnet und die Summe durch zwei geteilt. Sowohl meine Freundin als auch ich zahlen seitdem jeden Monat den gleichen Betrag auf das neu geschaffene Familienkonto ein und bestreiten davon unsere gemeinsamen Ausgaben. Die Lösung klingt recht banal, entspannt aber unseren Lebensalltag parallel zur Finanzcoop extrem.

Einschränkend muss gesagt werden, dass das Ganze wohl nur so einfach zu lösen war, weil wir beide, meine Partnerin und ich, seit Beginn unserer Elternschaft denselben Job haben, beide zeitlich gleich gebunden sind und das gleiche Geld verdienen. Auch Freizeit und Zuständigkeiten in der Kinderbetreuung sind genau gleich verteilt. So mussten keine Formeln für eine Verteilung gefunden werden, die auf eventuell gefühlten Belastungen beruhen und die früher oder später doch zu Unzufriedenheiten geführt hätten.

Tja, Brötchen fürs Frühstück und vielleicht ein gemeinsamer Kocher für den Campingurlaub … schön und gut. Aber was ist denn mit größeren Anschaffungen? Strebt nicht jede böse Kleinfamilie spätestens nach Erreichen einer bestimmten Lebensspanne den Erwerb einer eigenen Immobilie an? Klingt gemein, ist aber sicherlich nicht so ganz weit hergeholt. Sollte das tatsächlich die nächste große Problematik sein, an der die FC scheitern könnte?

Ehrlich gesagt fühlt es sich nicht danach an. Denn auch hier gilt: Wir versuchen, allen alles zu ermöglichen. Immer im Rahmen des realistisch Machbaren. Sicherlich würden wir an unsere Grenzen kommen, wenn alle sieben (egal ob mit oder ohne Partner*in) plötzlich und zeitgleich das enorme Bedürfnis nach den eigenen vier Wänden entwickeln würden. Aber so wäre es erst mal ein einzelnes Bedürfnis wie alle anderen … Es würde bestimmt hinterfragt – und wurde das in der Vergangenheit auch bereits. Aber dann würden wir versuchen, diesen Wunsch zu verwirklichen.

Denn auch wenn alle von uns den Gedanken an ein Eigenheim sehr unterschiedlich sexy finden: Das Thema Geldanlage geht uns dann doch alle etwas an. Denn wir wollen ja gemeinsam alt werden, uns auch die nächsten fünfzig Jahre gegenseitig auffangen. Ja, die Rente, auch ein schönes Thema für eine Finanzcoop. Irgendwie hat alles mit allem zu tun.

Jan Systemübersetzer

Ich habe immer wieder darüber nachgedacht, auf welche Weise die Finanzcoop meine partnerschaftlichen Beziehungen verändert hat. Natürlich ist es eine gewisse Übersetzungsleistung, die man als Partner zwischen Finanzcoop und Lebensgefährtin vollbringen muss. Ich erinnere mich an einen größeren Zusammenstoß, als ich vor einigen Jahren mit meiner damaligen Freundin zusammenzog und wir die Wohnung gemeinsam einrichteten. Sie war (und ist immer noch) Lehrerin, hatte relativ hohe Ansprüche und auch nicht wenig Geld, während ich eher nicht so viel Geld und kleinere Ansprüche hatte. Als wir einen sehr teuren Kühlschrank und Herd kaufen wollten, gab das sehr viele Diskussionen in der Finanzcoop. Der Herd war Elektro mit Gasplatte, ein cooles Ding. Er ist mir als Relikt dieser Auseinandersetzung erhalten geblieben. Wie ein echtes Museumsstück hat er allerdings momentan noch nicht einmal eine Funktion, weil wir in der aktuellen Wohnung keinen Gasanschluss haben.

Es gab lange Diskussionen auf beiden Seiten. Zum einen musste ich dafür sorgen, dass die Stimmung in meiner Beziehung nicht kippt, musste mich auf die Ansprüche meiner Freundin einlassen, obwohl mir der Kühlschrank und der Herd eigentlich nicht so wichtig waren. Aufseiten der Finanzcoop kam dagegen die Reaktion: »Oh Gott, so viel Geld für einen Herd und einen Kühlschrank?« Für dasselbe Geld hätten sich andere FC-Mitglieder drei Sachen und noch eine Waschmaschine oder Ähnliches kaufen können. Da kam es wirklich zum Clash zwischen uns mit Unmut auf allen Seiten. Bei mir. Bei meiner Beziehung. Und bei der Finanzcoop. Ich musste andauernd für alle Seiten sprechen. Manchmal erfüllt man diese Rolle als Übersetzer oder Dolmetscher besser, manchmal schlechter. In Sachen Herd und Kühlschrank multiplizierte sich das Problem, denn die kostspielige Anschaffung betraf noch nicht mal meine eigenen Luxusbedürfnisse. Mein Luxus ist einfacher: Ich reise. Ich war vor Kurzem in Spitzbergen und das hat etwa 1.300 Euro gekostet für eine Woche. Den Luxus krieg ich durch, denn das ist meines. Obwohl der Kühlschrank in mancher Hinsicht vielleicht nachhaltiger ist, fällt es den FC-Mitgliedern leichter zu sagen: Klar, mach die Reise. Denn du willst das ja machen und wirst nicht zufrieden sein, wenn wir Nein sagen. Wäre ich auch nicht.

Nicht nur in Hinblick auf Anschaffungen beansprucht die Finanzcoop einen Platz, der sich auch auf die partnerschaftliche Beziehung auswirkt. Das betrifft auch die alle sechs Wochen stattfindenden Treffen. Die Freiräume, die dafür geschaffen werden müssen, produzieren ja schon einen gewissen Erklärungsbedarf. Die Tatsache, dass in der FC nicht nur über Anschaffungen, sondern auch viel über Partnerschaftliches gesprochen wird, betrifft die Partner*in selbstverständlich ebenfalls, aber wie das wahrgenommen wird, ist sehr unterschiedlich. Das ist immer ein komisches Gefühl. Manchmal bedrohlich – so war das auch irgendwann bei der »Kühlschrank-Beziehung«. Bei meinen anderen Beziehungen war es eher komisch und ungewohnt. Wobei natürlich auch andere Leute mit ihren Freund*innen über ihre Beziehung reden. Trotzdem ist der Rahmen bei uns viel regelmäßiger und institutionalisierter. Bei jedem FC-Wochenende ist klar: Da fahre ich jetzt hin und rede unter anderem auch über meine Beziehung. Das kann bedrohlich sein.

Ich bin mir sicher, dass es Themen gibt, über die man nur spricht, weil es die Finanzcoop gibt und weil es die Struktur dieser Treffen gibt. Denn wenn man nach Hause kommt und gefragt wird, worüber wir geredet haben, ist man bereits mitten im Gespräch über etwas, das man sonst eher ausgeklammert hätte. Allerdings: Keine Beziehung scheitert an der Finanzcoop, denn die Punkte, die in den gemeinsamen Diskussionen zum Vorschein kommen, sind diejenigen, die sich sowieso irgendwann ergeben hätten.

Die Finanzcoop ist letztlich auch ein Archiv der eigenen Beziehungsgeschichte, denn sie hat alle anderen Partnerschaften mitgemacht. Lediglich bei Branka, die schon sehr lange mit Nico zusammen ist, teilt Nico sicher genauso viel an Erinnerungen mit ihr, wie sie mit der Finanzcoop teilt. Die Finanzcoop ist dadurch selbst wie eine Beziehung. Die Qualität dieser Beziehung wäre mit dem Begriff Freundschaft nicht richtig erfasst, denn Freundschaften sind mal aktiv und dann auch wieder nicht. Die Finanzcoop besitzt dagegen Kontinuität.

Zora Offene Geheimnisse

Natürlich hat die Finanzcoop Auswirkungen auf viele Beziehungen. Manche (vor allem besser verdienende) Freund*innen empfinden die Tatsache, dass ich Mitglied einer Finanzcoop bin, bei gemeinsamen Ausflügen mit mir als verunsichernd. Sie fragen sich, wie wir das Geld auf diesen Ausflügen oder Ähnlichem untereinander teilen, weil sie mich für »selbstgewählt arm« halten. Zum Beispiel erinnere ich mich an einen Kurzurlaub in der Schweiz mit zwei (mittlerweile eher entfernten) Freundinnen von früher inklusive Essengehen zu diesen für nicht schweizerische Arbeitnehmer*innen absurden Schweizer Preisen. Meine Freundinnen hatten in Anbetracht der Preise regelrecht ein schlechtes Gewissen, weil ja dadurch der Rest der Finanzcoop irgendwie knapsen müsste.

In Liebesbeziehungen stellt sich letztlich immer die Frage: Wie hält mensch das mit dem Geld – halbe/halbe oder bedürfnisorientiert? Letzteres scheint durch die Existenz der Finanzcoop dann schwieriger zu sein mit mir, weil hinter mir eben auch das Bedürfnisgeflecht von weiteren Menschen sichtbar ist. Das kann man einerseits als Handicap empfinden, andererseits kann es aber auch stimulieren, über Bedürfnisse (und ihre finanziellen Aspekte) überhaupt ins Gespräch zu kommen. In meiner Beziehung mit

Lux, meiner jetzigen Liebsten, ist die FC eine Tatsache, die mindestens zu meiner Entspannung beiträgt. Lux ist in finanziellen Dingen oft sehr spontan, manchmal ein bisschen chaotisch, und dass ich damit nix direkt zu tun habe, ist auch eine Erleichterung.

Mit meiner Herkunftsfamilie ist das eine verlogene Sache. Eigentlich wissen alle von der Finanzcoop. Andererseits fragen sie nie danach, wollen das irgendwie nicht realisieren. Für sie ist das so eine komische Spinnerei von mir … in diese oder eine ähnliche Schublade stecken sie das, scheint mir.

Richtig virulent wurde das Thema FC allerdings bei dem Thema »Vorab ausgezahltes Erbe / Schenkung«: Meine Eltern haben reichlich Besitz und Vermögen angehäuft und mein Vater hat unter anderem selbst mehrere Immobilien in einer Kleinstadt geerbt, gut vier Autostunden entfernt von Hamburg, wo ich lebe. Meine Brüder, beide im Immobiliengeschäft, leben ihrerseits nur etwa eine Autostunde entfernt von der besagten Kleinstadt.

Als meinem Vater das Verwalten/Vermieten allmählich zu viel wurde, kam die Frage auf, wie der Besitz nun gerecht unter uns drei Geschwistern aufgeteilt werden sollte. Mir wurde von meinen Eltern sehr deutlich nahegelegt, mich doch auszahlen zu lassen, da das Vermieten ja ach so viel Arbeit mache. In der FC gab es Gedankenspiele, ob wir nicht doch einfach eines der drei Objekte übernehmen sollten und uns im Vermieten üben – so richtig begeistert war von der Idee aber niemand, nicht zuletzt wegen der Entfernungen.

Dann kam mein Vater zu Besuch, um das alles noch einmal mit mir durchzusprechen und die harten Zahlenfacts darzulegen. Im Laufe dieses Gesprächs wurde mir deutlich, dass das Auszahlen von einem Drittel des veranschlagten Werts auf längere Sicht doch die finanziell unattraktivere Lösung für mich wäre, da ich ja keine Gewinne mit dem Erbe machen würde, nicht von Abschreibungen profitieren könnte usw. Entsprechend fragte ich kritisch nach und meinte am Ende des Abends, dass ich das alles noch einmal mit der FC besprechen wolle.

Am nächsten Morgen erschien mein Vater zitternd vor Empörung zum Kaffee. Es sei unglaublich, dass ich das mit wildfremden Leuten besprechen wolle. Sein Erbe, »seine Schenkung« werde nicht wertgeschätzt, und mein Kind, sein Enkel, in seinem Erbanteil geradezu gefährdet. Er überlege, das Geld einzufrieren und seinem Enkel zukommen zu lassen und so weiter. Harter Tobak für mich. Konflikte zu besprechen hat in meiner Herkunftsfamilie so gar keine Tradition … Durch den Vergleich der FC mit einer »Wahlverwandschaft«, nach vielen Dankbarkeitsbekundungen und einem schnellen Einlenken, dass ich mich dann eben mit dem Geld zufriedengeben würde, ließen sich die Wogen dann halbwegs glätten.

Branka Die Finanzcoop im Spiegel des Alltags

Ecki brät sich zwei Spiegeleier für »strammen Max« und ich lauf in der Küche hin und her, weil ich nicht so recht an den Schreibtisch will – und weil ich aggressiv bin, in prämenstrueller Amoklauflaune. Mit Ecki wohne ich seit einem Jahr zusammen und mag ihn wahnsinnig gerne. Freue mich jedes Mal, wenn ich ihn sehe und lasse ihm ganz schön viel durchgehen. Er ist sehr witzig und hat gute Tipps auf Lager, wenn man Probleme hat. Ecki ist Dyskalkulie-Therapeut auf Honorarbasis, muss zu seiner Arbeitsstätte pendeln und hat eine Menge Geldsorgen. Kürzlich bei seinem Wochenendausflug nach Spiekeroog hat er nach eigenem Bekunden jeden Tag geweint, weil die Fähre teurer war als gedacht und deswegen sein Geld zu knapp war, um Essen zu gehen oder sich wenigstens an der Bude etwas zu holen. Ein Wochenende auf einer megaschönen Insel mit Hasenbroten und zerlaufenem Käse … Mies!

Nicht genau so, aber so ähnlich war vor zwanzig Jahren der

Punkt, an dem aus finanzieller Ungleichheit, politischer Gesinnung und Freundschaft mit einem anderen Mitbewohner (sowie vier weiteren und mir) die FC wurde. Und, rein vom Gefühl her, könnte ich jetzt wieder eine gründen, diesmal mit Ecki …, aber das ist natürlich Quatsch, und deswegen sage ich zu Ecki: »Mach doch mit Ali, Ivana, Bert und Rolli und vielleicht Katja eine FC auf. Das wäre supergut, würde dir die Hand unter den Arsch halten.« Ecki brummt irgendetwas. Themenwechsel. Jetzt ist das so eine Sache. Ich als Mischung aus geiziger – oder sagen wir: sparsamer – Schwäbin, aber auch ausgestattet mit einem großen Herzen, könnte sagen: »Ecki, bevor du jemals wieder weinend auf einer nordfriesischen oder irgendeiner anderen Insel sitzt, ruf mich an, und ich mach eine Blitzüberweisung, so als Ärztin (mit nicht ganz so dünner Lohntüte).« Das könnte ich einmal machen, aber strukturell jemanden pampern, der oder die chronisch nicht mit dem sauer verdienten Geld hinkommt, das läuft nicht.

Wobei das so pauschal auch nicht stimmt. Immerhin kann meine abgeschobene Roma-Freundin Tatjana in Belgrad, die immer wieder herzzerreißend per WhatsApp um Geld bittet, seit einer kurzen Vorstellung des Problems bei einem FC-Treffen mit einem Dauerauftrag von 20 Euro monatlich rechnen. Andererseits ertappe ich mich aber auch dabei, wie ich gegenüber den anderen aus der Roma-Support-Gruppe immer wieder einfließen lasse, dass ich Teil einer gemeinsamen Ökonomie bin. Meine Sorge ist, die anderen könnten sonst meinen, ich als Ärztin müsste gefälligst großzügiger sein. Ich sage dann »Äh (*räusper*), das Geld, das ich verdiene, ist nicht für mich alleine, sondern davon gehen noch einige Leute mehr einkaufen.«

Die FC ist wie ein Dampfer, der unbeirrt vor sich hinpflügt und ab und an tutet. Immer mental-emotional präsent und im Alltag doch real abwesend. Ein Paradox? Nein. Im Alltag ist die FC virtuell anwesend durch Telegram und E-Mails, manchmal – eher selten – treffen sich einzelne Mitglieder auch tatsächlich – unabhängig von den FC-Treffen, die alle paar Monate stattfinden.

Aber auch, wenn die meiste Zeit niemand physisch anwesend ist: Immer läuft die Finanzcoop im Alltag mental-emotional mit, zum Beispiel in Form einer imaginierten hochgezogenen Augenbraue, einer gerunzelten Stirn oder einem anerkennendem Lächeln. Insofern ist sie schon manchmal ein bisschen wie die biologische Familie, wie Big Brother oder das Über-Ich.

Unsere Geburtstage vergessen wir regelmäßig, Geschenke gibt es auch eher nie, eingeladen auf die jeweiligen Partys wird mensch halb rhetorisch und das alles ist (meistens) überhaupt kein Drama. Liebesbeziehungen, WG-Konstellationen, Freund*innen, Bio-Verwandtschaft, Arbeitskollektive, Haustiere kommen und gehen, die FC bleibt. Zum Glück.

Seit zwanzig Jahren geben die Eingangsrunden unserer FC-Treffen, die alle sechs bis acht Wochen stattfinden, einen einzigartigen, kollektiven Einblick in unsere sieben Lebenswege. Nicht nur die tatsächlichen Wege zeichnen sie nach, sondern auch, wie Erlebnisse individuell eingeordnet und reflektiert werden. In ihnen kommen die Zweifel, falschen Erwartungen, Entscheidungen und Schicksalsschläge, die unerfüllten Wünsche und erfreulichen Überraschungen, die das Leben so bietet, zur Sprache. In Krisen gibt es Anteilnahme und Unterstützung.

In der FC erlebe ich viel mehr Verständnis, Respekt für meine Sicht der Dinge und Hilfsbereitschaft im Notfall. Mehr als dies beispielsweise mit meinen Geschwistern der Fall wäre. Bereits seit längerer Zeit habe ich als funktionelle Vollwaise gelebt. Mittlerweile bin ich dies auch faktisch. Mein Vater ist vor vielen Jahren verstorben und meine Mutter war, vor ihrem Tod im Jahr 2018, über einen langen Zeitraum hinweg im Spätstadium dement. Vielleicht konnte ich es mir deswegen erlauben, den problematischen Kontakt mit meinen Halbgeschwistern schleifen zu lassen, da ich ja die familienähnliche Struktur der FC habe. Musste ich mich zwischen FC und Familientreffen jemals entscheiden, fiel die Entscheidung immer sehr leicht und zwar zugunsten der FC aus.

Von der FC selbst hat meine Herkunftsfamilie jedoch niemals erfahren. Dabei gab es mal ein Treffen. Inkognito. Das heißt, die FC wusste natürlich, dass dies meine Mutter und Geschwister sind. Welche Besonderheit dagegen meine Freund*innen mit mir selbst vereinte, wussten meine Geschwister jedoch nicht. Ich glaube kaum, dass mein Verhältnis zu meinen Geschwistern besser wäre, wenn ich niemals zur FC gefunden hätte. Aber ohne die Finanzcoop wäre die Leerstelle spürbarer, denn die FC gibt mir die Verbindlichkeit, Nähe, Geborgenheit und Sicherheit, die anderen wohl nur ein Familienzusammenhang bietet.

Wie eng sich die vier FC-Kinder aufeinander beziehen, ist je nach Alter und Phase unterschiedlich. Aber ich denke schon, dass sich alle ihr Leben lang an die durchweg besonderen Finanzcoop-Urlaube erinnern werden. Meine Mutter hat immer wieder von schönen Ferien erzählt. Sie sei jeden Sommer mit vielen »Vetterle und Bäsle« bei der Großmutter in den Sommerferien gewesen und vielleicht werden sich die FC-Urlaube unseren Kindern auch als etwas Besonderes, Erinnernswertes einprägen. Auch wenn mein Kind, danach gefragt, was die FC für es bedeute, meinte: »Das sind langweilige Wochenenden, wo wir Kinder ruhig sein sollen und ihr ganz viel reden wollt. Und einmal machen wir dann noch was Schönes und was Lustiges.« Aber das sind ja die Wochenendtreffen, nicht die Urlaube.

In meinem Fall wirkt die FC auf die Liebesbeziehung nicht besonders ein, da mein Partner ebenfalls Teil einer noch größeren gemeinsamen Ökonomiegruppe ist, im Rahmen einer Kommune. Dort zusammenwohnen könnten wir nicht, denn gleichzeitig in zwei verschiedenen Finanzcoops zu sein, würde mit den Realitäten der beiden verschiedenen ökonomischen Gemeinschaften kollidieren. Gleichzeitig erfahre ich von meinem Partner unglaublich viel Unterstützung in Bezug auf die Finanzcoop. Da er selbst nur zu gut weiß, wie unmöglich konzentrierte Gruppendiskussionen mit Kleinkindern sind, ist er extrem bemüht darum, mir unser Kind bei den Wochenendtreffen vom Hals zu halten.

Einmal hat die Kommune bei uns angefragt, wie wir abschätzen würden, wie viel Geld wir zur Verfügung hätten und hat inzwischen das Modell unserer »Kohlerunden«-Excel-Tabelle übernommen.

Bei der Kommune ist häufiger Ebbe in der Alltagskasse und es wird etwas bescheidener gelebt. So wird dort beispielsweise nur junger Bio-Gouda kollektiv angeschafft. Andere Käsedelikatessen, so wie wir sie bei unseren FC-Wochenendtreffen verzehren, kommen nur in Ausnahmefällen in den großen Gemeinschaftskühlschrank.

Jede*r von uns ist auch davon geprägt, wie ihr*sein jeweiliges Umfeld lebt. Das prägt das individuelle Konsumniveau. Rosine, eine ehemalige FClerin, die für einige Jahre Teil unserer ökonomischen Solidargemeinschaft war, hatte zuvor lange auf Wagenplätzen gewohnt und phasenweise mehr containert, als sie einkaufen gegangen wäre. Sie hat uns seinerzeit unter anderem als Wohnungsspießer beschimpft. Wer in einem Bioladen-Kollektiv arbeitet, hat andere Produkte im Kühlschrank als jemand mit prekär beschäftigten Mitbewohner*innen, die die Knackpunkte dieser Gesellschaft woanders sehen als im Verzicht auf den Verzehr von abgepackter Discounter-Teewurst. Wer eine Liebste hat, die gerne Häuser kauft, sitzt dann vielleicht schon mal eher in einem Eigenheim als jemand anders. Und ein FC-Genosse hat in seinem Freund*innenkreis sorgloser(er) Flugreisebucher*innen ab und an Rechtfertigungsdruck, wenn er erklären muss, warum er den einen Weg der Urlaubsreise im Orientexpress zurücklegen wird, anstatt zu fliegen. Wie dick oder dünn der Geldbeutel der Liebsten und Nächsten ist oder wie locker oder unlocker das Geld sitzt, auch unabhängig vom tatsächlich Verfügbaren, und welche Wertvorstellungen geteilt werden, bestimmt die Alltagsgestaltung der Einzelnen von unserem Kollektiv in nicht unerheblichem Maße mit.

Manchmal gibt es einen kleinen Stich ins Herz, wenn man zufällig erfährt, dass eine*r der Coopis in der Stadt weilt, es aber nicht schafft, mal kurz auf ein Tässchen Espresso vorbeizuschauen. Oder wenn mensch selbst ein Wochenende in einer der FC-Städte verbringt, ohne den FC-Mitgliedern vor Ort Hallo zu sagen. Aber wir sind alle viel beschäftigt, oft unterwegs, kennen viele Leute, haben viele Freundschaften, die gepflegt werden wollen, und so liegt es an einem selbst, dies nicht zu persönlich zu nehmen. Vielleicht auch ein Zeichen des Vertrauens darauf, dass unsere Gruppe hält und fortbesteht und das Band fest genug ist.

Was dieses Band ausmacht, das uns schon so lange zusammenhält? Ich weiß es nicht genau. Ich weiß nur eines: Geld ist es jedenfalls nicht.

Kerstin Familienartiges

Meine Herkunftsfamilie ist sehr überschaubar. Im Grunde besteht sie seit meiner Kindheit aus meinem Vater. Es gibt verstreut lebende Verwandte, mit denen es aus guten Gründen keinen oder nur sehr raren, zudem komplizierten Kontakt gab und eigentlich nicht mehr gibt. Ich habe keine Geschwister, meine Mutter verließ die Kleinfamilienkonstellation per Scheidung und Richtung Westdeutschland, als ich elf Jahre alt war.

Schon lange lebe ich mit Menschen, die mir nahestehen und die ich gern mag, auch immer ein Stück weit etwas Familienartiges. Oder anders gesagt: Geht man von einer gewissen Lücke hinsichtlich der Beziehungen in meiner Herkunftsfamilie aus, scheint mir in meinem Fall, dass die im Verlauf von bald 25 Jahren im Erwachsenenleben entstandenen und entstehenden Bindungen immer auch einer Art Prüfsiegel unterliegen: ob es sich um stabile, kontinuierliche und belastbare Verbindungen handelt. Ich kann mich schlecht in Gruppen bewegen, in denen ich nicht auch eine soziale Nähe erlebe oder zumindest das Potenzial dafür zu sehen meine. Dass

Familien gerade nicht der Ort sind, an dem Menschen sich frei von Zwängen und Konditionen bewegen können, ist mir bewusst. Das hindert mich nicht daran, diesen Ort beständig zu suchen und dort, wo ich ihn finde, auch nur ungern wieder zu verlassen.

Die Finanzcoop ist ganz sicher so ein Ort. Insofern bestimmt sie auch mein Gefühl und meine Vorstellung von Familie enorm mit. Hier entledigt sich der Begriff mancher negativen Konnotation und entbehrt zugleich auch manch positiver. Die Beziehungen innerhalb der FC sind unterschiedlich nah und fern, älter und jünger, milder und strenger, harmonischer und konflikthafter. Das Leitbild der größtmöglichen Freiheit wird unter allen Umständen aufrechterhalten, so wie wir uns immer wieder darin üben, Frustrationen zu erkennen, zu benennen und eventuell sogar abzubauen. Wir sind angestrengt voneinander und dennoch eher liebevoll als höflich-freundlich miteinander. Wir können zwei Tage miteinander verbringen und sogar zwei Wochen. Vielleicht erlebe ich hier vieles von Familie, was ich mir wünsche, was einem eine vorhandene Herkunftsfamilie aber zugleich auch nicht gewähren oder ermöglichen kann.

Manchmal fallen zwei Erfahrungslücken auf. Eine ist die gemeinsame Zeit in Göttingen, die alle anderen Mitglieder der FC ja doch mehr oder weniger verbindet. Die zweite Lücke – und die ist mir mit der Zeit bewusster geworden, als sie dies noch zu Beginn meiner FC-Zeit war – ist das Fehlen von gemeinsamen und ähnlichen Erfahrungen in Kindheit und Jugend. Aber an diese Leerstelle ist mittlerweile die Kindheit meiner Tochter getreten, die ich mit ihrem Vater, meinem Partner, teile. Mit ihm gibt es die gemeinsame Erfahrung der Widersprüche und Abenteuer einer Ost-West-Biografie. Er bewundert unsere Finanzcoop, aber unterstellt mir hier auch gelegentlich weniger den gelebten Versuch einer kommunistischen Alltagsorganisation als vielmehr den Versuch, mich den realen (heißt: harten) Bedingungen eines Erwerbslebens im Kapitalismus entziehen zu wollen. Viele meiner Freundinnen und Freunde können mit der Idee der Finanzcoop sehr viel anfangen, scheuen aber die konsequente Umsetzung einer gemeinsamen Ökonomie vor allem wegen der dabei notwendigen und stattfindenden Aushandlungsprozesse. Meine Eltern haben hier allenfalls theoretischen Zugang zu dem Modell einer Finanzcoop. Klar wird vielleicht: Ich kam bislang ohne das romantische Modell einer allumfassenden und all(ver)sorgenden, ausschließlich familiär ausgerichteten Zweierbeziehung aus. Die Finanzcoop hat daran dankenswerterweise einen großen Anteil.

Tom Wider den Pfennigfuchs

Es war ziemlich zu Anfang meiner Zeit in der Finanzcoop, ich wohnte damals in einer 7er-WG in Kassel und es gab damals noch immer diese wg-typischen monatlichen Telefonabrechnungen. Ein ordentlicher Stapel eng beschriebenen Papiers mit den ganzen im Laufe eines Monats getätigten Anrufen einer 7er-WG. Alle kamen zum Zuge, alle mussten dieses Dokument des zwischenmenschlichen telekommunikativen Austausches durchforsten nach den eigenen, selbst getätigten Anrufen. Am Ende gab es regelmäßig ein paar Nummern, die ausharrten, die von niemandem gewählt worden waren. Sie hatten auf unerklärliche Weise den Weg in diese Abrechnung gefunden und ließen sich partout nicht wieder »heraussortieren«. Der gesammelte Wert dieser von niemandem geführten Gespräche belief sich in der Regel auf 10 bis 20 – ich glaube, es waren schon: – Euro. Unerhört, dass sich die Mitbewohner*innen auch nie merken können, wen sie anrufen.

Durch die Finanzcoop sensibilisiert für das Thema Finanzen und das Teilen von Finanzen, war es mir, einmal darauf angesprochen, ein Leichtes zu sagen: Lasst uns doch diese 10 bis 20 Euro einfach durch sieben teilen und wir ersparen uns viel Generve und Arbeit. Der Schritt, einfach die gesamte Telefonrechung ohne Durchsicht durch sieben zu teilen, lag dann nahe und wurde zur Freude aller auch schnell umgesetzt.

Jahre später (wieder eine 7er-WG, diesmal in Göttingen), Telefonrechnungen waren längst kein Thema mehr, hatte ich die Abrechnung der gemeinsamen Haushaltskasse übernommen. Das System in dieser Wohngemeinschaft war: Alle kaufen für alle ein und schreiben den ausgegebenen Betrag (oft abzüglich der nicht gemeinschaftlichen Einkäufe wie Alkohol, Schokolade etc.) im jeweiligen Monat auf. Am Ende des Monats gab es dann eine Abrechnung (unter Berücksichtigung der individuellen Fehltage). Ich trage in solche Kassen seit Jahren nur noch ganze Beträge ein. Aber ein Mitbewohner, der mir durchaus an anderer Stelle schon ein paar Mal erzählt hatte, er habe ein gutes Einkommen und könne sich jeden Monat einen recht ordentlichen Betrag zur Seite legen, war damit nicht einverstanden. Das Prozedere sei zu ungenau. Obwohl wir uns letztlich bei den Cent-Beträgen auf die Beschränkung auf die Zehnerstelle verständigen konnten, trug er seine eigenen Ausgaben trotzdem weiterhin centgenau ein. Zudem beschäftigte ihn, dass es bei meiner Art des Beträge-Notierens immer noch möglich sei, dass am Ende des Monats zwischen tatsächlicher Ausgabe und notiertem Ergebnis eine Abweichung von zwei bis drei Euro möglich sei.

Soweit die Episode, die ebenso sehr Realsatire ist, wie sie Auskunft gibt über die oft auch irrationalen Aspekte unseres ökonomischen Zusammenlebens. Wenn man hier weiterargumentieren wollte, könnte man sagen, dass in diesem Abrechnungssystem ja auch nicht berücksichtigt wird, wer wie viel und wie teuer gegessen hat, da das ja per se nicht konkret abrechenbar ist. Was ja auch so gewollt ist. Aus diesem Grund (und vermutlich noch aus ganz anderen Gründen) ist für mich der Wunsch unverständlich, in Abrechnungen wie diesen eine hundertprozentige Genauigkeit der aufgeführten Beträge gewährleisten zu wollen.

Sind das die letzten 15 Jahre einer gelebten Finanzcoop, die mich da beeinflussen und den Wunsch erzeugen, in Geldfragen ein bisschen mehr *laissez-faire* zu praktizieren? Oder ist das einfach nur Pragmatismus?

Norman Netz-Werk

»Er hatte sich so auf seine Rente gefreut«. Es ist mein Großvater, der hier spricht und wir stehen beide vor dem aufgebahrten Leichnam seines Sohnes, meines Vaters. Blass, bläulich ist die Haut und sie fühlt sich an wie die eines gerupften, frisch aufgetauten Truthahns. Ich hatte das überprüft, während ich noch allein mit dem Toten im ehemaligen Esszimmer, dann Krankenzimmer und am Ende eben Sterbezimmer war. Die Einrichtung ist dieselbe, in der ich groß geworden bin. Hellbraunes Furnier, Häkeltischdecke, ein Regal mit vier aufgestellten braunen Tellern mit einem Seemotiv. Auf einer Anrichte verschiedene Familienfotos in goldenen Rahmen. Ein Bild von mir ist dabei, obwohl ich mehr als zehn Jahre nicht im Haus gewesen war. Durch das Fenster nach Norden kann ich den nahen Wald sehen, durch das im Westen schaue ich auf die Dorfstraße und auf Häuser, deren Inneneinrichtungen der meiner Eltern sehr ähnlich ist. Damit niemand vergisst, wo wir sind, hat jemand eine Deutschlandfahne im Garten ausgestellt.

Den Zustand der Haut musste ich überprüfen, denn der Anblick des Truthahns allein überzeugte mich nicht, dass mein Vater ganz wirklich gestorben war. Ich bildete mir vorher sogar ein, dass ich ein Auf- und Absenken des Brustkorbs beobachten konnte. Nur ganz leicht, aber doch … das müssen die anderen übersehen haben …. Die Berührung der Haut lässt den Brustkorb stillstehen. Nichts Lebendes fühlt sich so nach Truthahn an. Während ich damit beschäftigt bin, den physischen Tod meines Vaters festzustellen, öffnet mein Opa die Tür und nach einer stillen Umarmung sagt er als Erstes den Satz mit der Rente und bringt die Tragik in meine Untersuchung. Die Bank unter dem Kirschbaum mit Blick auf den Gartenteich stand schon bereit für die Rente. Fünfzig Jahre Arbeit brauchte es, um die emotionale Legitimation und die finanziellen Mittel für diesen Sitzplatz zu haben. Arbeit am Fließband, in der Forst- und Bauwirtschaft, Euphemismen für schwere körperliche Arbeit. Nach 45 Jahren eine Phase der Arbeitslosigkeit mit Bewerbungstraining. Das hatte sich der Mann anders vorgestellt. Danach prekäre Beschäftigungsverhältnisse als Langholzfahrer. Um 21 Uhr ins Bett und um 4 Uhr aufstehen. Zigaretten in Kette rauchen und statt Kirschen Krebs. Die Tragik liegt in dem gescheiterten Lebensmodell, aber das ist nicht alles, was ich in dem Moment empfinde.

Da ist auch ein gemeiner Triumph, letztendlich einen harten Konflikt gewonnen zu haben. Den darüber, wie das schöne Leben sein sollte. Wie viel Fleiß und Arbeit, wie viel Entsagung, Anpassung? Wie viel Geld muss welche Arbeit einbringen und wie muss die Arbeit eigentlich sein? Ist Krankenpflege nicht ein Beruf für »Schwestern« und ein Studium etwas für weltfremde Leute (manchmal wurden sie auch Arschlöcher genannt), die ziemlich lange durch den Wald in irgendwelche Städte fahren, um dann aus diesen Städten von diesen Universitäten wieder zurückzukommen, die von *Tutenundblasen* keine Ahnung hatten, aber das Doppelt- und Dreifache verdienten. Das waren dann die, die im oberen Teil des Neubaugebiets lebten, obwohl sie keine echte Arbeit leisteten. So sie denn überhaupt zurückkamen. So oder so ähnlich, und auch drastischer, verlief die eine Argumentationslinie. Ich war innerlich klein und äußerlich blass, meistens bekifft und bin über Umwege ziemlich lange durch den Wald gefahren, um nicht zurückkommen zu müssen.

Was damals als Schwall von Entwertung auf mich niederging, kann heute differenzierter betrachtet werden. Es sind alte Bilder der

Arbeit, die verteidigt werden mussten. Diese sind mit Geschlechterbildern durchzogen, die Körperlichkeit herstellen. Muskeln und Hände, die etwas greifen und bewegen können. Ein muskulöser Rücken, der trotzdem schmerzt, weil Rückenschonung nicht bekannt ist oder verweichlicht aussieht. An den Körpern ist abzulesen, das man(n) arbeitet. Er klagt nicht. Er verdient das Geld. Sie kocht. Für ihn. Und isst mit oder macht Diät. Diese Sozialität durfte nicht angegriffen werden. In den Konflikten steckten unter anderem Verunsicherung und Angst und wenn diese überhandnahmen, wurde das Ende des Gesprächs damit eingeleitet, dass man das eben so mache. Damit war gleichzeitig die Auseinandersetzung mit sich selbst beendet. Warum musste diese beendet werden? Weil sie schon immer verlustreich war? Weil es aus der Dorfgemeinschaft selten die Kinder des unteren Dorfs waren, die sich auf den Weg durch den Wald machen konnten? Wie oft wurde meinen Eltern in ihrer Kindheit und Jugend zu verstehen gegeben, dass der Haushalt und die Landwirtschaft ihr Platz seien? Dass die Hände eines Mannes große Pranken sein sollten. Dass eine rudimentäre Bildung für ihre Bestimmung ausreichend sei. Das Dorf ist klein und natürlich kennt jeder trotz sozialer Separierung auch die anderen, die ganz selbstverständlich davon ausgehen, vier Jahre länger zur Schule zu gehen. Die wissen, dass sie eines Tages Arbeitgeber*innen sein würden und möglicherweise die Kinder der rudimentär Gebildeten ihre Angestellten. Die sozialen Positionierungen waren keine abstrakten Anordnungen, sondern konkrete Nachbar*innen und trotzdem stellt sich die Frage, ob sich meine Eltern überhaupt irgendwann hatten vorstellen können, ihre Position zu ändern. Und wenn nicht, wovon ich ausgehe, wie diese Beschränkung des Bewusstseins sich in ihr Leben eingeschrieben hat.

Meine eigenen Umwege durch den Wald wären allein weder emotional noch finanziell möglich gewesen. Es brauchte neue und einschreibende Erfahrungen von Sozialität. Eine davon war die Finanzcoop als soziales Beziehungsnetz, dessen Garn aus Geld geflochten ist. Dieses soziale Netz braucht viel Pflege, Stellen nutzen sich ab, müssen neu geflochten werden. Und es bedarf immer wieder einer genauen Kontrolle und Überarbeitung. Es verhängt sich an Steinen, manchmal beißt etwas hinein. Alle müssen behutsam und aufmerksam sein, denn es trägt eine große Last. Wenn wir es zur Überprüfung einholen, blickt jede*r von uns aus einem individuellen Blickwinkel auf die Maschen, geprägt von den eigenen Erfahrungen: Der Knoten muss so und so sein, das macht man so. Jemand anderes fühlt sich nicht wohl mit der disziplinierten Arbeit, einer findet das Netz nicht sicher genug, manche wollen keine Verantwortung übernehmen und die eine schaut nicht genau hin. Unsere sozialen Positionierungen im Netz sind keine abstrakten Anordnungen, sondern sieben differente, für uns transparente Lebensgeschichten. Die Leben verlaufen separiert, aber die Separation ist durch Anerkennung und Umverteilung ein großes Stück weit aufgehoben. Wenngleich es auch hier, mitunter konflikthaft, um die Frage geht, wie das schöne Leben sein solle. Entspannen wir uns in der Therme oder im Club auf Ecstasy? Zug oder Flugzeug? Fernreise oder Twistesee? Familiengründung? Eigenheim? Es sind diese grundsätzlichen Fragen nach dem schönen Leben, die mich an Familie erinnern. An meine Herkunftsfamilie und an die in meinen Netzen. Die Fragen danach, wie das gemeinsame Leben eingerichtet wird.

Mitunter verhakt sich das Netz mit meinen anderen Beziehungsnetzen. Freundschaftlichen Netzen, Liebesnetzen, dem Wohnnetz. Habe ich als FC-Mitglied viel oder wenig Geld, um es in diese anderen Netze einzubringen? Teilen wir die Miete der WG durch drei oder staffeln wir nach Einkommen? Ist mein Einkommen mein Einkommen oder ein irgendwie berechnetes Finanzcoop-Einkommen? Wie oft kann ich meine brillante, aber strukturell prekäre Künstler*innen-Freundin auf eine Pizza und zwei Grappa einladen? Sollte ich eine Ehe eingehen, um einem anderen Menschen einen sicheren Aufenthaltsstatus zu ermöglichen? Wie verteilen wir in einem solchen Fall die Kosten? Kurz: Wann lasse ich mir nahestehende Außenstehende an der Coop teilhaben und wann nicht? Und was bedeutet eigentlich dieses mitunter gönnerhafte Gefühl dabei? Wann bringe ich Menschen, mit denen ich in Arbeitsbeziehungen stehe, in Schwierigkeiten, weil ich mich mit dem niedrigeren Stundensatz zufriedengeben kann oder auf einen Teil meiner Gage verzichten möchte, aber damit unter Umständen ihre Einnahmen drücke? Dies kann besonders bei der Arbeit in solidarischen Kollektivbetrieben oder anderen politischen Zusammenhängen zu Konflikten führen. Ein anderes Beispiel: Freund*in möchte mit mir nach Paris für ein Wochenende. Das Flugzeug bietet sich an, aber Fliegen ist umstrittenes Thema in der Coop. Ökologischer Anspruch, ungerechte Ressourcen- und Klimaschadensverteilung in der Welt und so. Das finden meine Freund*innen gelegentlich albern. In Diskussionen verteidige ich die Position der FC, die nicht unbedingt immer die meinige ist. Wie ich dann reise, bleibt mir selbst überlassen, aber es wird bei der Frage deutlich, wie das Coopnetz sich mit anderen Netzen überlagert und ineinanderlegt. Ein Wochenendtrip nach Paris fällt deswegen in meinem Leben eher aus. Eine Reise mit dem sogenannten Orientexpress war hingegen schon drin.

Meine Eltern und die FC

Auszug aus einem Gespräch

Branka Meine Eltern wussten nie von der FC.

Zora Meine wissen es und verdrängen es.

Kerstin Meine wissen es und verstehen es nicht.

Jan Meine wissen es, verstehen es nicht, aber verdrängen es nicht, aber sagen manchmal: »Das, was wir dir jetzt geben, ist nur für dich.«

Tom Meine Eltern wissen es, haben es lange nicht verstanden aber schlussendlich akzeptiert und können dem inzwischen sogar etwas abgewinnen.

Gerd Meine wissen es und verstehen es und haben Geld von uns.

Dinge besitzen, kaufen, teilen

Zora Über Dinge schreiben?

Mein erster Gedanke: Nicht so mein Ding. Ich mach mir nix aus Dingen. Auch im zweiten Moment denke ich das erst mal immer noch.

In der Tat bin ich eine regelmäßige Büchereibesucherin, nehme lieber die weitergegebenen Kinderklamotten, als neue zu kaufen, sehe nicht ein, warum mensch alle zwei bis drei Jahre neues technisches Equipment braucht, kotze in Anbetracht dieser Immer-mehr-kaufen-und-haben-wollen-Ideologie. Auch mein letztes und bestes Hemd würde ich verleihen – und nicht nur an die FC-Meute. Tauschringe, Umsonstläden, all das finde ich super.

Bücher – nun ja. Bücher mochte ich lange besitzen. Das ist aber auch deutlich weniger geworden. Schließlich hat Bücherbesitz auch etwas mit einer intellektuellen Eitelkeit zu tun, nach dem Motto »Zeig mir, was du liest, und ich sage dir, wer du bist.« Bücher, die ich gut finde, schenke ich inzwischen gern auch mal weiter, anstatt sie ins Regal zu räumen.

Lieblingsklamotten – ja, klar, habe ich. Kaufe deshalb auch fast nie neue, außer sie sind wirklich so richtig hinüber.

Rider, mein Sohn (gerade fünf Jahre alt), will gerne immer alles haben. Und ihm gegenüber fällt es mir schwer, Nein zu sagen. Hier ein Buch, da eine Jacke. Da sitzt es mir sehr viel lockerer als in Bezug auf mich.

Ganzheitlich betrachtet hat das allerdings nicht nur etwas mit meiner antikapitalistischen Grundhaltung zu tun, sondern auch mit meinen Schwierigkeiten mit der Selbstliebe – dem Sich-Verwöhnen, Sich-richtig-wichtig-Nehmen. Auch da gibt es nicht zuletzt im FC-Rahmen viel Lern- und Übestoff.

Was ich mag: wenn die Dinge funktionieren.

Da bin ich nicht so gut darin, aber ich werde besser. Dass das Fahrrad auch von Profis fit gemacht wird nach dem Winter, die dafür also Geld kriegen. Früher hatte ich den Anspruch, alles selbst zu machen. Dass die Waschmaschine lange lebt. Dafür kann ich relativ guten Gewissens inzwischen auch Geld ausgeben. »Billig kaufen kann ich mir nicht leisten« war so ein Spruch meiner Oma. Denn: »Wer billig kauft, kauft zweimal.«

Meine Lieblingsdinge? Mein Fahrrad. Ein Poster, »Living«. Ein Apfelausstecher. Riders Roller.

Tom Reflektiertes *anything goes*

Sehr aktuelles Thema für mich: Angesichts meines Umzugs von Göttingen nach Berlin habe ich mich ausgiebig mit »meinen« Dingen beschäftigt. Was schleppe ich so mit mir rum, was davon ist Ballast, was irgendwie untrennbarer Teil von mir? Emotional wie funktional.

Ich treibe das Thema für mich auf die Spitze. Indem ich erst mal nur zur Zwischenmiete wohne – mit dem damit verbundenen Verstauen von Dingen in Kisten, an die ich nun für mindestens drei Monate nur aufwendig herankomme. Überdeutlich drängt sich die Frage auf, ob ich die Dinge, die ich jetzt verstaue, um sie erst in drei Monaten wieder greifbar zu haben, auch wirklich brauche.

Aber viele Dinge haben eine Geschichte, eine persönliche Geschichte. Entsorge ich damit auch meine Geschichte, wenn ich bestimmte Bücher (es gibt doch E-Book-Reader!), CDs (Spotify?), Kassetten (Geht's noch?!) und all den anderen scheinbar nutzlosen Kram wegwerfe oder weggebe?

Die emotionale Bindung zu Dingen stellt sie teilweise auch über den eigentlichen Wert und Nutzen, den sie haben (können). Damit sind sie oft auch nicht teilbar, manchmal ist der Besitz gar schlecht vermittelbar. Es geht nicht um die eher funktionalen Dinge wie Autos, Zelte, Handys, gegebenenfalls Klamotten und anderes, die mehr oder weniger gut getauscht oder weitergegeben werden (und damit auch einen Nutzen für andere in der FC haben) können. Denn diese Dinge haben nicht unbedingt einen monetären Wert, oft nur einen bedingt funktionalen (Wer braucht noch CDs?), sondern nur einen sehr subjektiv-emotionalen. Darum schleppe ich sie mit mir herum und mute anderen zu, diese Dinge mit mir in Kisten durch Treppenhäuser rauf und runter zu tragen.

Früher waren Ereignisse wie Weihnachten und Geburtstage Momente der persönlichen Bereicherung an Dingen, die geschenkt wurden. Dinge, für die das Taschengeld nicht reichte. Es waren wunderbare Tage voller Hoffung, Erwartung, Glück (auch durch das Selber-Schenken) und Enttäuschung.

Viele der Dinge, die ich als Kind geschenkt bekam, hatten einen funktionalen Nutzen. Neben den profanen Socken hatte ja auch jedes Spielzeug eher eine Funktion – es war zum Spielen da. Heute passiert das teilweise auch noch, bei Sammelgeschenken oder dem Inbegriff der Notlösung: der Flasche Wein. Aber angesichts der Möglichkeit, sich viele Dinge irgendwann und irgendwie selbst anschaffen zu können, haben die persönlich ausgewählten oder gar selber erstellten Geschenke einen viel höheren Wert bekommen. Der emotionale Wert übersteigt den funktionalen.

In einer bedürfnisorientierten Finanzcoop, mit der theoretischen Möglichkeit, sich alle gewünschten Dinge auch irgendwann anschaffen zu können, nur gehindert durch die Einschränkung, sich vor allen erklären zu müssen, entstand ein stark reflektiertes *anything goes.* Sind mir diese Dinge so wichtig, dass ich sie problemlos vor den anderen rechtfertigen kann?

Branka Die Schere im wörtlichen und übertragenen Sinne

Was ich gar nicht mag, ist, wenn jemand aus meinem Glas oder meiner Tasse trinkt, besonders Wein oder Kaffee teile ich überhaupt nicht gerne. Das ist etwas anderes, wenn das Getränk von vornherein geteilt wird. »Teilen wir uns noch ein Bier?« – »Jo, gerne!« Das ist kein Problem, aber wenn vor mir ein schönes Glas Irgendwas steht, dann möchte ich mir offenbar selbst einteilen können, wie schnell es geleert wird. Das, so dachte ich, ist der einzige nennenswerte Bezug, den ich zu (meinen) Dingen habe. Aber je länger ich das Thema im Hinterkopf spazieren trug, umso mehr zeigte sich, dass dies bei Weitem nicht mein einziger markanter Bezug zu Dingen ist.

Neulich wurde mir mein geiles 14 Jahre altes Fahrrad geklaut, das konnte ich im ersten Moment gar nicht glauben. Und dann war schnell klar: Ich brauche sofort einen vergleichbaren Ersatz, da das Fahrrad mein fast ausschließliches Fortbewegungsmittel ist. Drei Tage später hatte ich dann zum Glück auch wieder eines, aber es ist nicht so ein Herzensstück, wie es das Alte gewesen war. Das hatten wir damals auch noch romantischerweise zu acht im Laden in bar bezahlt, weil die Anschaffung mit einem FC-Treffen in Hamburg zusammengefallen war. Und das Neue, das ist jetzt halt, naja, ein funktionaler Ersatz. Aber an das Alte kommt es einfach nicht heran. Ich vermisse wirklich mein grünes Big-Apple-Rad.

Ansonsten versuche ich, mein Herz nicht so sehr an Dinge zu hängen. Und auch nicht so viele Dinge anzuhäufen. Von der charmanten Idee der kleinen Utopie Bolo Bolo, die es mir früher einmal angetan hatte und in der jeder Person nur eine genau bemessene Kiste zum Verstauen des Privatbesitzes zugestanden wird, bin ich allerdings schon immer meilenweit entfernt gewesen – und dies auch in zunehmendem Maße.

Trotzdem: Man könnte sich doch viel mehr borgen und verleihen. In diesem Zusammenhang fällt mir meine Haarschneideschere ein. Die hatte ich meinen neuen Freunden Bassam und Azmi ausgeliehen, mit den Worten, dass sie mir sehr wichtig sei, da sie so präzise schneidet und von bester Qualität sei, und dass ich sie unbedingt wieder zurückhaben wolle. Wochen vergingen, ich fragte immer wieder nach der Schere und wurde abgelenkt oder charmant vertröstet. Bis ich eines Abends zum Iftar, dem Fastenbrechen im Rahmen des Ramadans, eingeladen war und nicht locker ließ: Sie sollten doch jetzt noch mal gründlich die Schere suchen. Mir wurde gesagt, ein Cousin habe sie ausgeliehen und verloren, sie sei weg. Da musste ich tatsächlich heulen. Um eine Schere. Vor zwei Menschen, die aus Syrien geflohen waren, erst über die Türkei und dann im Schlauchboot bei Nacht gestartet in Richtung Kos. Als auf dem Weg der Motor ausfiel und das Boot allmählich voll Wasser lief, entdeckten glücklicherweise vom Ufer aus zwei holländische Aktivistinnen das Boot in Seenot und organisierten Hilfe. Alle wurden gerettet.

Damals wusste ich noch nicht, dass Azmi in Syrien ein Haus durch Bombenangriffe verloren hatte, das er für seine Verlobte und sich gekauft hatte. Auch das Haus, in dem seine Eltern und noch nicht verheirateten erwachsenen Geschwister wohnten, wurde beschossen, so dass sie es verlassen mussten. Jedenfalls konnte ich gar nicht aufhören zu heulen wegen der Schere und schniefte, wie blöd und peinlich das sei. Es ginge mir nicht um die Schere an sich, sondern darum, dass sie von meiner Mutter sei, die mir immer nur das beste Werkzeug geschenkt habe. Jetzt könne sie mir schon lange nichts mehr schenken, weil sie dement sei. Und es ginge darum, dass ich ihnen die Schere gegeben hatte im Vertrauen darauf, sie wieder zurückzuerhalten. Schon doof. Noch bevor ich mir eine High-End-Haarschere kaufen konnte, bekam ich dann von den beiden eine neue geschenkt. Sehr nett. Jedes Mal, wenn ich dem Kind jetzt den Pony schneide, denke ich: »Ttsss, kein Vergleich zu der alten Mega-Schere.« Aber der Pony wird trotzdem einigermaßen gerade, das muss ich zugeben.

Ich mag Designermöbel und hatte in der »Kohlerunde«, nachdem ich wochenlang online um ein schwedisches Vollholzsideboard geschlichen war, diesen Wunsch einmal angesprochen. Letztlich hatte ich mich nach einer wohlwollenden Diskussion dann aber doch dazu entschlossen, ein viel billigeres Sideboard zu kaufen. Das ist zwar nicht so ein »Stück fürs Leben«, aber eigentlich von den Maßen besser passend. Zudem sieht es auch ganz okay aus und war schlappe 500 Euro günstiger.

Ob ich mir die lang begehrte Zitronenpresse von Alessi, die einer Mondrakete oder einem dreibeinigen Virus ähnelt, jemals gegönnt hätte, weiß ich nicht. Aber ich habe sie irgendwann von Nico zu einem Geburtstag geschenkt bekommen und ihr Anblick freut mich täglich. Gleichzeitig ist bei mir immer noch viel Mobiliar und Geschirr vom Sperrmüll und die Mischung finde ich cool.

P. M.: *Bolo 'bolo*. Zürich: Verlag Paranoia City, 1983.

Kerstin Der Luxus, nicht alles haben zu wollen

»hallo! sagt b. beim eintreten: ich möchte ne jeans, die gut sitzt und vor allem billig ist. die verkäuferin sagt: das wollen alle. nafein, freut sich b., bei dieser nachfrage muß das angebot ja überwältigend sein! die verkäuferin sieht ihn mitleidig an.«

Ronald M. Schernikau: *Kleinstadtnovelle*, 1980

Ich bin im Spannungsfeld der Verhaltens- und Deutungsweisen einer sehr nützlichkeitsorientierten, mit einer Neigung zu Statussymbolen ausgerichteten Mutter und einem demgegenüber geradezu notorisch desinteressierten Vater aufgewachsen. Hier war die Devise »Das ist alt, aber geht noch« und »Am besten selbstgemacht, sonst auch gern gar nicht«. Auch wenn ich immer denke, dass sich der väterliche Einfluss auf mich an dieser Stelle sehr stark durchgesetzt hat, erlebe ich mich manchmal auch gedankenlos mit Geld. Mir fallen »Anschaffungen« eher schwer. Von vielen als notwendig erachtete Gebrauchsgegenstände schaffe ich eher gut zu vermissen, als sie als »sinnvolle Investition«, »*nice to have*« oder »praktisch« zu erachten und entsprechenden Aufwand in Kauf zu nehmen, finanziellen wie zeitlichen, mich darum zu bemühen, sie entsprechend ihrem, ja auch einsehbaren, Nutzen verfügbar zu haben. Dinge, die ich als absolut nicht verzichtbar in funktionstüchtiger Anwendbarkeit erachte, kann ich allerdings innerhalb kürzester Zeit ohne langes Nachdenken und Abwägen »anschaffen«: Fahrrad, Rechner, Telefon, Regenjacke, Schuhe, Bücher, vor allem als Geschenke, Fahrkarten für Reisen. Manchmal denke ich, es ist eine oder meine Form von Sparen. Dann wieder schäme ich mich fast dafür, dass ich in einer Woche in die Sauna gehe, mein Fahrrad reparieren lasse, für meine Tochter Schuhe und zwei T-Shirts und dann noch ein Buch kaufe, dass über 20 Euro kostet.

Die Erinnerungen an die mit dem Thema »Dinge und Anschaffungen« verbundenen Auseinandersetzungen innerhalb meiner Herkunftsfamilie sind davon geprägt, dass es in der DDR nicht alles und vieles nicht jederzeit verfügbar gab. Auch das Geld dafür nicht. Es ging häufig um den Versuch, sich, ohne viel Spielraum zu haben, dennoch die Möglichkeit zu schaffen, in der einen oder anderen Form etwas Besonderes zu erwerben, zu tragen, zu zeigen. Der Aufwand, der damit verbunden war, schien mir manchmal unverhältnismäßig groß. Wie ich diese Situation als Erwachsene erleben würde, kann ich nicht sagen. Meine diesbezüglichen Erfahrungen gehen auf Aufenthalte in Ländern wie Mali, Kuba oder in den ehemaligen Ostblockstaaten zurück, die nicht länger als einige Wochen dauerten. Nach den ersten Tagen Eingewöhnungszeit erlebte ich die mitunter herrschende konsumistische Leere oft als sehr erleichternd. Aber das mag auch nur so sein, weil ich ja in meinem Alltag »alles« habe bzw. alles verfügbar ist. Situationen, in denen das Angebot mich gleichzeitig aber auch überfordert, habe ich ganz gut im Griff und navigiere mich meist schnell und gezielt durch die Vollsortimenter der Warenwelt. Auch in Buchläden erlebe ich das, obwohl dies der einzige Ort des Konsums ist, an dem ich mich über mehrere Stunden aufhalten kann. Dinge, von denen ich mich nicht trennen möchte, sind die, die mit Erinnerungen verbunden sind bzw. die mir helfen, mich zu erinnern. Der materielle Wert spielt hier in der Regel keine Rolle und ist oft auch sehr gering.

Jan Im Grunde bis heute nicht verstanden

Eine Episode aus meiner Kindheit ist mir nachhaltig in Erinnerung geblieben. Im Ort gab es ein Möbel- und Klamottengeschäft, das unter anderem Jeanshosen verkaufte. Diese Hosen hatten so lustige Anhänger mit irgendeinem Männchen. Als ich sieben oder acht Jahre alt war, probierten wir dort Jeans an und ich nahm eines dieser Männchen mit nach Hause, weil ich das so schön fand. Als ich dann zuhause damit spielte, bekam ich richtig Ärger mit meinen Eltern. Ich verstand es damals nicht so ganz, *warum* ich dafür Ärger bekam. Auf den Erwerb von unrechtmäßigem Besitz folgte direkt eine Strafe. Im Grunde habe ich bis heute nicht verstanden, was eigentlich das Problem war. Ich finde die Idee von spontanem Klauen nicht so verwerflich, wie sie mutmaßlich die meisten anderen Leute finden. Aber dass man bestraft wird, weil man eine Art Dekoration mitgenommen hat, nicht die Jeanshose selbst, erscheint mir bis heute merkwürdig.

Gerade im Dorf – und wir lebten in einem Dorf – durfte man nicht auf diese Weise auffallen. Ich weiß nicht mehr, ob ich ein schlechtes Gewissen hatte, als ich die Figur – meines Erachtens:

heimlich – mitnahm. Hinterher hatte ich jedenfalls eines. Ich musste das Männchen zurückbringen und mich entschuldigen. Dieser Gang zum Laden war schlimm. Wie die Leute im Geschäft reagierten, weiß ich nicht mehr. Aber ich schätze, es war ihnen komplett egal. Das war ein wirklich einschneidendes Erlebnis mit einem sehr kurzfristigen Besitz, den ich mir erworben hatte. Der Anhänger einer Jeanshose, der allen eigentlich egal hätte sein müssen.

Generell gab es einen großen Kontrast zwischen dem Wenigen, was ich besaß, bzw. dessen materiellem Wert und dem enormen Wert, den diese Dinge für mich tatsächlich besaßen. Mein Rennrad war solch ein Schatz. Das habe ich mir mit Zeitung austragen verdient. Das Rad kostete damals vielleicht 100 Mark, auf jeden Fall wahnsinnig viel Geld. Dieses Fahrrad habe ich nach der Anschaffung noch ewig besessen. Auch auf mein erstes Auto war ich wahnsinnig stolz. Eine totale Möhre, die ich für 500 Euro gekauft hatte, während alle anderen mit einem Neuwagen ankamen. Dabei fand ich mein Auto wirklich schön. Es war braun und hatte das außerirdische Kennzeichen ET. Dieser Toyota hat mich lange durch die Gegend gefahren.

Überhaupt war Besitz in meiner Kindheit oft verknüpft mit der Tatsache, dass ich mir Angeschafftes selbst erarbeitet hatte. Mich hat beeindruckt, wie leicht im Vergleich dazu andere an Besitz herankamen. Das ist mir allerdings erst im Gymnasium aufgefallen. Erst der soziale Aufstieg, diese »Stufe höher«, die das Gymnasium für mich darstellte, ermöglichte mir diese Erfahrung. Ich hatte oft den Eindruck, dass mir die Dinge mehr wert waren, als denjenigen, denen sie einfach so zufielen. Wenn bei meinen Mitschüler*innen das Auto kaputt war, dann konnten die meisten es einfach in die Werkstatt bringen. Ich selbst musste in solchen Fällen gucken, ob ich dafür genug Geld hatte. Lohnt sich das überhaupt noch? Nicht alles, was kaputtging, konnte einfach so ersetzt werden.

Etwas von meiner Wertschätzung für Dinge, die aus diesen Kindheitserfahrungen entstanden ist, hat sich meines Erachtens erhalten. Trotzdem finde ich mich nicht materialistisch, denn ich benutze diese Dinge ja. Die Frage, ob man etwas benutzt oder nicht, macht für mich einen großen Unterschied. Dinge haben und sie nicht benutzen, das ist mir fremd. Das wäre eher eine materialistische Haltung.

Ich besitze allerdings auch Dinge, die ich überhaupt nicht wertschätze. Zum Beispiel mein Fahrrad. Das müsste ich mehr pflegen. Mache ich aber nicht, obwohl ich es im Grunde ständig brauche. Das ist ein schmaler Grad zwischen lieblos behandeln, wertschätzen und zum Fetisch erheben. Da bin ich eher auf der Lieblos-bis-wertschätzend-Seite der Skala. Vom Fetisch bin ich weit entfernt. Wenn ich an Sachen hänge, dann nicht, weil sie teuer sind, sondern weil sie irgendetwas machen. Zum Beispiel weil sie mich von A nach B bringen. So auch meine Wanderschuhe. Die trage ich immer noch lange, obwohl sie schon auseinanderfallen. Außerdem hänge ich an Dingen, die man mit einem Erlebnis verbindet. Ansonsten: Weg mit dem Scheiß!

Die Finanzcoop hat meinen eigenen Umgang mit Dingen nicht wirklich verändert. Wenn, dann höchstens, dass öfter infrage gestellt wird, ob Sachen wirklich angeschafft werden müssen. Die FC lehrt einen das Abwarten und manchmal fällt dann auf einmal das, was man sich gewünscht hat, bei einem anderen einfach so an. Ohne dass man es kaufen muss. Oder der Bedarf hat sich aus unterschiedlichen Gründen erledigt.

Norman — Mein Ding, mein Haus, mein Auto, ein Hund

Kürzlich ergab es sich, dass ein schlecht zahlender, seine*n Mitarbeiter*innen überwachungstechnisch bis auf die Toilette folgender Konzern, der ein Meister der Dingelieferung ist, eines meiner

Dinge im ersten Stock abgab. Dort lebt eine Autorin, die über den Kommunismus schreibt. Vom Kommunismus habe ich nicht so viel Ahnung, aber die Autorin traf ich gestern spätnachts beim Nachhausekommen. Sie öffnet mir nun im Nachthemd die Tür und weiß, worum es geht. »Dein schöner, neuer Drucker ist da.« Nicht zu übersehen: ein großer Karton mit Bild des Druckers, damit alle wissen, was für ein Ding in der Kiste ist. Ein mattschwarzer Körper, Druckvolumen max. zehntausend Seiten pro Monat, maximale Auflösung 2.400 × 600 dpi, Speicher von 32 MB, das Blaue-Engel-Zertifikat, energiesparend, WLAN, Duplex-Druck, mobiles Drucken, inklusive Toner, Trommel, Netzkabel, Software, Handbuch auf CD, drei Jahre Herstellergarantie, Lieferung ohne USB-Kabel. Ich nehme das Ding und die Tür der Autorin fällt ins Schloss. In mir steigt Stolz auf. Auf dieses Ding und was es bedeutet. Die nicht ganz unbekannte Autorin weiß nun, dass ich so ein Ding benötige. Ein Standarddrucker, das ist klar, genügt nicht. Meine intellektuelle Begierde scheint so groß, dass das Standardmodell vom nicht endenden Textdruck überfordert war. Ich sitze auf Stapeln inspirierender Texte, die aus meinen Regalen quellen. Der Inhalt ist nebensächlich, solange mir ihre Anwesenheit etwas über mich sagt. Mit etwas Phantasie könnte Sie, die Nachbarin, sogar darauf kommen, dass es *meine* Texte sind, die aus dem Gerät quellen sollen. Auf der Tastatur eingegeben, auf dem Monitor, schwarz auf weiß, in Prozessen gespeichert, deren Funktionsweise ich nie verstehen werde, unsichtbar durch den Raum schwirrend, den Drucker findend, der losrauscht und Toner auf Papier, Text auf Seiten bringt – schwarz auf weiß –, die ich jemandem in die Hände gebe. Sie soll sich das bitte so vorstellen und nicht bei ihrem ersten Kaffee des Tages feststellen, dass Sie mich eigentlich für einen besseren Genossen gehalten hatte, der die Kämpfe der unterbezahlten und überwachten Belegschaft des Konzerns der Dingelieferung unterstützt. Ich war erleichtert, ihr am selben Tag auf dem Weg zu meinem Auto kein Misstrauen anzumerken.

Mein Auto ist klein, alt und rot. An den Fensterdichtungen wächst grünes Moos, was farblich wunderbar passt. Ich nenne es meine kleine, rote Schnecke. Natürlich ist es »unser« Auto und ich fahre es nur, wenn es sonst niemand benötigt. Wenn jemand aus Hamburg oder Göttingen unser Auto zum Einkaufen braucht, kann er oder sie es jederzeit in Berlin abholen. Kein Ding. Die Schnecke war ein Schnäppchen und niemand dachte, dass ich mit ihr eine so lange Beziehung führen würde. Autodinge sind nicht immer konfliktfrei in der Coop und ich erklärte mich in der Anschaffungsdiskussion dafür bereit, mein Auto mit allen Bedürftigen meines Umfeldes, auch außerhalb der Coop, umstandslos zu teilen. Die ersten drei dieser Nutznießer*innen brachten einen Strafzettel, die vierte eine Hochstufung in meiner Versicherung mit. Da die Zentralverriegelung erst Jahre nach der Herstellung meines Autos erfunden worden war, führte das die jüngeren Leute dazu, die Türen nicht zu verschließen. Wer das Bier verschüttet hat, weiß ich nicht, aber die Kofferraumdecke ist zuerst runtergefallen und der Sicherungskasten danach abgebrochen. An der Flohplage war ich selber schuld, aber diese Kleinigkeiten brachten mich verschämt dazu, bei weiteren Anfragen schnell irgendeinen Ausflug in meinen Kalender zu krickeln, um ehrlich behaupten zu können, dass ich die Schnecke selbst brauche. Im vollen Bewusstsein darüber, dass meine jahrelange kollektive, linke und radikale Sozialisation mich in diesen Dingen ganz offensichtlich nur ein kleines Stück von Haltungen meines Herkunftsumfeldes entfernt hatte, unternahm ich zu dieser Zeit viele Fahrten ins Blaue und kaufte mir dabei mein erstes Haus. Mein Haus ist natürlich kein Haus, sondern eine Datsche, etwas entfernt vom Rande der Stadt. Es ist auch nicht meine Datsche, sondern unsere Datsche. Ich bin also im Prinzip nur der Hausmeister, der alles in Ordnung hält, bis die anderen kommen. Das ist viel Arbeit und führt zu einer für Hausmeister*innen nicht untypischen Überidentifikation mit dem zu betreuenden Ding, die mich wiederum dazu bringt, von »meiner Datsche« zu sprechen und mich auch entsprechend aufzuführen. Aufführungen als Datschenbesitzer*in sind in einer Datschensiedlung ebenfalls nicht untypisch. Dabei gehört mir das Ding nicht. Niemandem in meiner Datschenpachtsiedlung gehört die Datsche im juristischen Sinne, obwohl (oder weil?) sie auf dem gepachteten Grundstück steht. Es wäre interessant zu untersuchen, ob die signifikante Häufung der mitunter gewaltförmigen Datschenbesitzer*innenaufführungen mit dieser Tatsache des Nicht-Besitzens korreliert und meines Erachtens aufschlussreicher als Forschungssettings, die den religiösen Hintergrund mit irgendetwas korrelieren. Eine dieser mitunter gewaltförmigen Aufführungen ergab sich gegen Ende August. Das war die Jahreszeit, in der meine Hecke die Toleranzgrenze meines Nachbarn überwuchs. Er argumentierte mit der Vereinssatzung, der Ordnung und damit, dass man das eben so mache – ich mit dem Vogelschutzgesetz, ästhetischen Vorlieben und Selbstbestimmung. Wir beide stritten für unser belangloses Ding so lange, bis er sich »die Scheiße nicht mehr anhört« und ich erleichtert bin, trotz meiner aufflammenden spießigen Kreuzberger Punk-Manier nichts mit Hitler gesagt zu haben.

Das sagt einiges über die Dinge und was sie mit mir machen. Am narzisstisch-symbolischen Aufladen von Gegenständen, dem verkniffenen Verleih eines Autos und abstrusen Kämpfen am Gartenzaun sind viele Jahre Coop als einschreibende Erfahrungen von Sozialität eher vorbeigegangen. Ich möchte behaupten, dass der Gedanke von »meinem Geld« eine abstrakte, unzutreffende Einheit geworden ist, aber muss feststellen, dass die Umwandlung »unseres Geldes« in »meinen Besitz« etwas anderes zu sein scheint. Zum einen fehlt das persönlich anwesende Korrektiv der Coop im alltäglichen Umgang mit den Dingen. Unsere Reflexionen enden meist bei der Anschaffung und setzen sich selten über das Thema des Umgangs hinaus fort. Zum anderen sind die hier assoziativ gesammelten Exponate starke Exemplare, da zumindest Haus und Auto mit sozialer Herkunft verbunden sind. Ebenso der Drucker, aber dieser steht letztlich für das Verlassen einer Schicht.

Was mein Hund damit zu tun hat? Nichts.

Gerd Dingedruck

Dinge … Krams, Gedöns, Schnickschnack, Plünnen, Zeugs … All die Sachen, von denen man meint, sie für sein Leben zu brauchen. Sachen, über die man sich definiert und die Bedürfnisse entstehen lassen. Darauf wird der kleine Mensch ja auch schon früh im Leben eingeschworen. Und es ist ganz klar: Es ist spannender, sich mit *dem* Freund zu verabreden, der die Playstation zuhause stehen hat oder die Komplettausgabe *Disney's Lustige Taschenbücher* im Regal hat. Zumindest ist Besitz erst mal der schnellere und einfachere Weg zu Anerkennung. Und es ist schwer bis unmöglich, sich dem zu entziehen.

Dazu kommt die Befriedigung … der Kick, Dinge zu besitzen. Das ist schon etwas anderes, als sich etwas »nur« auszuleihen. Aber woher kommt das? Warum meint man, bestimmte Sachen unbedingt haben zu »müssen«? Und warum ändert sich dieses Verlangen manchmal urplötzlich? Wieso ist es eben noch wahnsinnig wichtig, ein Tablet zu besitzen, und wenig später wird es dann bei Ebay wieder verkauft?

Klar gibt es da manche Erfahrungen, die man einfach selber machen muss. Mit »Hierarchie« lässt sich bestimmt viel erklären. Und auch »Jäger und Sammler« ist ja immer ein beliebter Erklärungsansatz für menschliche Verhaltensweisen. Aber so richtig komme ich nicht dahinter. Denn ich liebe Dinge! Finde ich toll, muss ich haben … Und dann aber auch wieder nicht! Hä? Was jetzt? Und was hat das mit der Finanzcoop zu tun?

Für mich tatsächlich eine ganze Menge: Denn das Nachdenken über die eigenen Bedürfnisse und Wichtigkeiten ist einer der elementarsten Punkte für die einzelnen Mitglieder in einem Kollektiv. In einer Gemeinschaft, egal zu welchem Zweck sie sich auch zusammengetan haben mag, sind Kompromisse das A und O … Und jede*r von uns muss sich überlegen: Was ist mir wichtig und was eventuell nicht? Mit wie viel Energie und Nachdruck bringe ich mich in die Diskussion ein oder versuche ich, meinen Wunsch zu äußern? Muss ich dieses Jahr unbedingt die Reise in die Karibik buchen und wenn ja: Woher kommt der Druck, diesem Bedürfnis Folge zu leisten? Oder kleiner: Muss ich mir diese DVD jetzt unbedingt kaufen, damit sie danach in meinem Regal steht und vielleicht dreimal in ihrem Leben angeschaut wird?

Denn bei einem in irgendeiner Art begrenzten Pool an Finanzen ist ja klar, dass sich jemand anderes der Gruppe für eben diese 20 Euro dann nichts kaufen kann. Höchstens die DVD ausleihen, naja … Bisher haben wir den Luxus, dass das bei kleineren Ausgaben nicht so ins Gewicht fällt und wir auch gerne wollen, dass sich alle die Wünsche erfüllen können, die sie haben. Aber logischerweise ist das nur in einem begrenzten Rahmen möglich … eben nur dann, wenn sich alle für sich selbst überlegen, was wichtig ist und was eventuell nicht so sehr.

Und auch wenn ich die Wichtigkeit für mich klar habe, muss ich sie danach immer noch mit der Gruppe absprechen. Nachdrücklich in der »Schlechtes-Gewissen-Abteilung« meines Hirns hängengeblieben ist da für mich mein Alleingang in Sachen Computer vor ca. acht Jahren. Mein altes Gerät gab den Geist auf und da ich im Alltag ziemlich viel damit mache (und auch die Coop davon profitiert), war für mich die Wichtigkeit absolut klar definiert und unanfechtbar: Eine neue Kiste musste her und zwar schnell und was sollte da noch zu besprechen sein? Also flugs gekauft das Ding … einfach so.

Wenig überraschend stieß dieser Move, den ich dann beim Treffen aus Schiss noch nicht mal selbst thematisierte – wohl, weil mir anscheinend unterbewusst doch klar war, dass das irgendwie nicht so elegant war –, nicht auf besonders große Begeisterung. Für solche Alleingänge ist das System »Finanzcoop« verständlicherweise einfach zu sensibel: Sowohl in zwischenmenschlicher Hinsicht als auch was das gemeinsame Kapital betrifft. Alle müssen und wollen darauf vertrauen können, dass die Sachen für jede*n weitestgehend transparent sind. Und alltagspraktisch muss einfach mal nüchtern festgestellt werden, dass uns – egal wie unwahrscheinlich sie auch sein mögen – sieben parallele heimliche Computerkäufe finanziell das Genick brechen würden.

Natürlich sind solche Bedürfnisse nicht immer rational zu erklären. Das macht eine Erklärung innerhalb der Gruppe dann nicht gerade einfach und manchmal ziemlich emotional … Aber auch ohne Antwort auf die eigenen Fragen an sich selbst bringt einen das schon ziemlich weit nach vorne. Alleine dadurch, dass es einen zwingt, sich diese Fragen überhaupt zu stellen und seine Wünsche zu reflektieren.

Unterscheiden muß mensch im großen Feld der Dinge natürlich auch zwischen »Besitzen-Wollen« und »Nicht-davon-trennen-Können«. Denn Sentimentalität ist hier ganz gewiss auch ein ziemlich guter Grund für Sammelwahn. Was beim Erwerb nun noch keine so große Rolle spielt. Aber spätestens, wenn es darum geht, ob zum Beispiel aus Platzgründen nicht doch der eine oder andere Staubfänger weggegeben wird, muss man feststellen, dass es sich dabei um Ding gewordene Erinnerungen an bestimmte Erlebnisse oder Lebensphasen handelt … ein »Meta-Ding« quasi.

14 Jahre Finanzcoop (aber natürlich auch 45 Lebensjahre) haben bei mir schon eine Menge an Veränderung und Entwicklung bewirkt: Hätte ich früher festen Glaubens behauptet, dass es ziemlich viele Sachen gibt, die ich für mein Leben unbedingt brauche, ist diese Zahl mittlerweile doch um einiges kleiner geworden.

Aber »Krams haben« finde ich immer noch toll – nur dass mein Bedürfnis da reflektierter geworden ist. Hoffe ich zumindest …

Wo man herkommt

Branka Ausbruch aus dem Paradies

Ich komme aus einer schwäbischen Kleinstadt, reich, mit sauberen Straßen, Häuschen und Villen, ordentlichen Gärten und fleißigen, »rechtschaffenen« Leuten. Mein Vater war dort selbstständig als niedergelassener Allgemeinarzt, die Praxis befand sich im Anbau an unser Haus. Meine Mutter war, als ich aufwuchs, Hausfrau und Mutter und half in der Praxis mit. Sie war gelernte Krankenschwester und hat, als ich 15 war, wieder angefangen, angestellt im örtlichen Krankenhaus zu arbeiten. Wenn es gut lief in der Praxis, dann konnten wir mal »ein Vögele pfeifen lassen«. So nannte es mein Vater, wenn der Geldbeutel es erlaubte, sich etwas Besonderes zu gönnen. Zum Beispiel einen Sonntagsausflug mit dem Opel Commodore über Land in ein exquisites Restaurant aus dem Michelin-Führer mit guter schwäbischer Küche. Ob es ein gutes Quartal war oder nicht, konnte ich an der Stimmung beim Sortieren und Zählen der Krankenscheine mit meinen Eltern am Esszimmertisch ablesen.

Ich war die Nachzüglerin von insgesamt vier Kindern und da alle »Großen« schon studierten und mein Vater als *only bread earner* für alle drei studierenden Kinder den monatlichen Unterhalt aufbrachte, hieß es, wir müssten sparen. Das sah dann so aus, dass ich teilweise scheußliche Kleider von Patientenkindern auftragen musste, für die ich mich schon in der Grundschule entsetzlich schämte. Trotz der Beteuerungen, wir müssten sparen, fuhren wir jedes Jahr zweimal in den Urlaub, zwei Wochen Sommerurlaub, eine Woche Winterurlaub, immer in meist sehr luxuriöse und wohl auch teure Hotels in Italien, Frankreich, Schweiz oder Österreich. Dort stellten dann meine Eltern beim Abendessen ihre schicken Kleider, Armbanduhren und den Schmuck zur Schau.

Ich bin aufgewachsen in einem Haus mit großem paradiesischem Garten, mit Plantschbecken inklusive Springbrunnen, großer Wiese, Schaukel, Feuerstelle, Sauna, Gartendusche. Im Winter lag wochenlang genug Schnee zum Schlittenfahren direkt hinter dem Haus und im Sommer war es wochenlang so heiß, dass alle Mahlzeiten im Garten stattfanden. Meine Mutter brachte den Garten rund ums Jahr in den prächtigsten Farben zum Blühen. Im Sommer gab es eine Fülle von Beerenobst und Kirschen zu ernten, frische Kräuter, Tomaten, Salat und etwas Gemüse, im Herbst prasselten die Walnüsse auf die Wiese. Im Winter war der Vorratskeller gefüllt mit Marmelade, Kompott, Säften und die Schubladen des Obstschrankes waren gefüllt mit Nüssen und Äpfeln. Unser Leben hatte nicht Pompöses, aber mein Vater verstand es, den Eindruck zu erwecken, wir lebten in einer Art perfektem Schloss, wo keine Annehmlichkeit fehlte und jedes Möbelstück und Gerät von bester unverwüstlicher Qualität sei. Ausgesuchte Lithografien bedeutender zeitgenössischer Maler zierten die Wände, Skulpturen vereinzelt auf Sideboards und zahlreiche Uhren. Es gab viele Bücher, Lexika und Bildbände, mein Vater wäre am liebsten Universalgelehrter gewesen und tatsächlich konnte er mir bis in die Oberstufe die meisten Fragen ohne Blick in den Brockhaus beantworten. Beim Abendessen im Esszimmer konnten wir vom Tisch aus auf den Südhang der Kleinstadt schauen, wo die Villen der neureichen befreundeten Fabrikanten standen und mein Vater sagte oft abfällig, dass dort zwar Geld sei, es jedoch an Geschmack und Kunstverstand fehle und die Häuser mit kulturlosem Prunk angefüllt seien in überdimensionierten, geschmacklos eingerichteten Zimmern. Dabei könne »der Erwin«, sein bester Freund unter den besagten Fabrikanten, «mit seinem Arsch auch nur auf *einem* Stuhl sitzen.«

Mein Vater ist 1921 geboren, war als junger Mann bei der Hitlerjugend und später Wehrmachtssoldat. 1944 wurde er bei Odessa verwundet. Die Geschichte, wie er sich dann durch den Schnee gerettet hat und in ein Lazarett kam, habe ich wieder und wieder gehört. Inwiefern und in welchem Ausmaß er in den Vernichtungskrieg der Nazis verstrickt war, hat mich, seit ich mich erinnern kann, bang beschäftigt und gequält. Meine Fragen, schon als

Kind, ob er Menschen erschossen habe, ob er gewusst habe von den Deportationen und Konzentrationslagern, wurden einsilbig verneint. Dass ich diese Fragen nicht an meinen Großvater, sondern an meinen Vater richtete, ist für meine Generation der in den 70er-Jahren Geborenen ungewöhnlich – und Ausdruck dafür, ein Nachzögling zu sein, mit einem alten Vater und einer jungen Mutter. Bis heute habe ich keine abschließenden Antworten auf diese Fragen erhalten. Mein Vater hat viel geschwiegen, oft lag ein bleiernes, bedrückendes Schweigen auf dem Haus wie Gelee, zwischen den schweren Vorhängen und Perserteppichen. Was verschwiegen wurde, weiß ich nicht.

Meine Mutter ist 1939 geboren, sie hat den Krieg als Kind erlebt und ihre Erzählungen waren ganz andere. Ihr Vater war im Krieg gewesen und sie hat ihn nicht erkannt, als er nach Kriegsende aus russischer Gefangenschaft nach Hause kam. Ihre Erzählungen kreisten wie viele typische Nachkriegsgeschichten vielmehr darum, wie dünn die Suppen waren, wie oft sie Hunger hatte und dass ihre Mutter die Hände rang, was sie wohl kochen sollte für ihre vier Kinder. Sie erzählte von Fliegeralarm und wie alle immer wieder in die Luftschutzkeller eilen mussten und dort mit Angst ausharrten. Meine Mutter hatte ihr Leben lang den Tick, dass niemals das Brot ausgehen dürfe. Mein Vater ermahnte mich zum Maßhalten: »So viel Butter, wie du dir aufs Brot schmierst, das war die Butterration für eine ganze Woche«, damals als es Lebensmittelmarken gab. Meine Eltern rühmten immer wieder den Luxus, den Genuss echten Bohnenkaffees im Gegensatz zu Muckefuck aus Zichorien. Beim häufigen Ausspruch meiner Eltern »Hach, gehts uns gut« schwangen diese Erfahrungen des Hungers unterschwellig mit.

In meiner Kindheit war es selbstverständlich, dass Socken gestopft, Pullover geflickt, Hosen mit Flicken versehen wurden. Es wurden Säume gekürzt, verlängert, Spickel eingenäht und überhaupt alles repariert, möglichst nicht neu gekauft. Paketbänder durften niemals aufgeschnitten werden, sondern wurden immer, teilweise mühsam, aufgeknotet und ordentlich aufgewickelt und wiederverwendet. Ebenso das Geschenkpapier, sorgfältig geöffnet, zunächst gefaltet, aber später auch gebügelt und in den Schrank einsortiert. Niemals wurde Essen weggeworfen, alles wurde in verschiedenen Variationen von »Reschdles-Essen« (Reste-Essen) weiterverarbeitet und wieder serviert. Die sparsamen arbeitsintensiven Klassiker der schwäbischen Küche, die aus Resten zubereitet werden, wie Schupfnudeln, Gaisburger Marsch (ein Eintopfgericht) und Flädlesuppe gehörten zu meinen Lieblingsessen.

Zum sparsamen pfleglichen Umgang mit Gebrauchsgegenständen wie zum Beispiel Schuhen (nicht schleifen, nicht damit bremsen) oder Büchern kam auch noch das Geldsparen hinzu. Früh hatte ich eine Spardose und wenn mir meine Tanten oder Onkel Geld zusteckten, sagten sie »Tu's ins Sparbüchsle, dann hast du später was«. Wenn es ein größeres Geldgeschenk war, dann hieß es: »Zahl's auf's Sparbüchle ein«. Und am Weltspartag gab es dann Zinsen und noch mehr Spardosen. Mein Vater debattierte mit seinem Bruder bei den Besuchen am Samstag, wie Geld möglichst gut und klug anzulegen sei, und wie fürs Alter am Besten vorzusorgen sei.

Meine Mutter jammerte manchmal, sie komme kaum mit dem Haushaltsgeld zurecht, alles werde immer teurer. Und mein Vater empörte sich im Gegenzug, wie meine Mutter denn schon wieder so viel Geld habe ausgeben könne. Schon damals spürte ich, dass die (nicht nur) finanzielle Abhängigkeit vom Partner/Familienvater für mich selbst kein erstrebenswertes Konzept darstellte. Als meine Mutter ihre Berufstätigkeit wiederaufnahm, brachte ihr das endlich auch wieder finanzielle Selbstbestimmung. Sie war ein sehr großzügiger Mensch und liebte es, Geschenke zu machen, ihren Enkeln, Kindern, Verwandten und Freunden, und das konnte sie dann endlich wieder nach Herzenslust tun von ihrem eigenen, selbst verdienten Geld.

Mir wurde diese finanzielle Unabhängigkeit lange nicht erlaubt. Ich hätte auch gerne wie meine Freundinnen in den Ferien in einem bei uns ansässigen Unternehmen einen Ferienjob angenommen. Aber das erlaubte mein Vater nicht. Ich sollte mich erholen, um dann wieder leistungsfähig zu sein während der Schulzeit. Außerdem hätten wir das nicht nötig. Wenn ich etwas wolle, könne ich ja fragen.

Fragen konnte ich, aber häufig wurden die Bitten verwehrt und bevor verhandelt werden konnte, wurde das Gespräch mit »keine Diskussion« beendet. In der achten, neunten Klasse war es unglaublich angesagt, Adidas-Stiefeletten zu tragen. Dieser dringende Wunsch wurde mir nicht erfüllt, stattdessen bekam ich das billigste Puma-Halbschuhmodell, völlig uncool, eine Schmach. Später in der Oberstufe hatte ich dann doch einen Kellnerinnenjob, tageweise am Wochenende in einem Konditorei-Café und später in der Krankenhausküche, und konnte mir die begehrten Sachen selbst kaufen. Dann waren es aber eher hippieske Second-Hand-Oberteile, Wildlederjacke, Retrobrille. Das wurde als nicht standesgemäß abgekanzelt. Als ich dann irgendwann von einem Friseurtermin, wo ich mich als Modell zur Verfügung gestellt hatte, nach Hause kam mit einem unglaublich geilen, quietschhennaroten B52-Bob, flippte mein Vater vollends aus. »Wie kann sich jemand Blondes die Haare freiwillig rot färben, wie läufst du rum? Wir müssen uns für dich schämen, so läuft kein Doktorskind herum.« Die Strenge und Enge wurde mir immer unerträglicher und so kam es, dass ich, gut geplant, genau einen Tag nach dem Abi, noch vor den ganzen Abi-Partys, die Biege machte – nach Irland als Au-pair. Mir war klar, dass ich keinen Tag länger als unbedingt nötig dort bleiben wollte. Und dass ich mich aufmachen wollte in ein anderes, freieres Leben.

Kerstin Es war alles da oder eben nicht

Einmal, nur einmal in meinem Leben, bestahl ich meine Eltern. Ich war sechs Jahre alt und in der ersten Klasse eingeschult, nahm am Morgen einen 50-Mark-Schein aus dem Portemonnaie meines Vaters und ging damit in die Schule. Ich behauptete, damit für alle Süßigkeiten kaufen zu wollen. Für 50 Mark hätte ich sehr, sehr viele Süßigkeiten bekommen. Ich glaube, es ging mir darum, die anderen Kinder zu beeindrucken. Das Ding flog schon in der Schule auf und es war mir wahnsinnig unangenehm. Ich erinnere nicht mehr, wie der Umstand zu meinen Eltern zurückgelangte, ich weiß nur, mein Vater machte kein großes Fass auf und ich schämte mich einfach sehr.

Manchmal denke ich daran, weil ich glaube, etwas von dem Kind, was nicht einschätzen kann, was viel oder wenig Geld ist, ist mir geblieben. Ich erinnere mich an Streit um Geld zwischen meinen Eltern, ich erinnere aber auch, dass ich keinen Zusammenhang herstellen konnte zwischen Lohnarbeit und Geld verdienen. Dieser Zusammenhang wurde mir auch nicht vermittelt, in der DDR hatte man Arbeit und Geld zum Leben. Man hatte eben beides. Wir hatten eine kleine Wohnung, in der mein Vater heute noch lebt und die erst nach 1990 mit einer Fernheizung ausgestattet wurde, wir hatten Fahrräder und fuhren einen Trabant, wir hatten einen kleinen Garten, wir fuhren zweimal im Jahr zwei Wochen in den Urlaub an die Ostsee und in den Thüringer Wald – auch wenn es dafür, hieß es, immer knapp mit Geld war, was ich aber im Konkreten nie zu spüren bekam. Es war alles da oder es war eben nicht alles da, aber es gab nichts, was ich sah und auf das gezeigt wurde im Sinne von »Das wollen wir auch« oder » Das musst du wollen und wenn du es willst, dann musst du dafür arbeiten und auch hart arbeiten und du musst sparen und überhaupt dreht sich alles nur darum, Geld zu verdienen und es auszugeben.« Ich kannte niemanden, der wirklich »reich« war, ich kannte Kinder, die bekamen Sachen »aus dem Westen« und lebten in großen Wohnungen, ich kannte einige wenige Menschen, die lebten in Ein- oder Zweifamilienhäusern statt in Mietwohnungen. Niemand sagte: Das haben sie, weil sie mehr arbeiten, oder weil sie Berufe haben, in denen es mehr Geld zu verdienen gab. Obwohl es die Einkommensunterschiede ja sehr wohl gab. Ich hatte Ski und warme Sachen und drei Kinder in meiner Klasse trugen denselben Anorak wie ich, das ging mir zwischendrin auf den Keks. Ich wünschte mir einen Walkman, den brachte mir meine Oma »aus dem Westen« mit. Meine Oma hatte auch ein Sparbuch für mich angelegt. Ich sehe das kleine und – schon als es noch ganz neu war: – vergilbte Büchlein vor mir, aber es gibt keine Erinnerung daran, dass ich gewusst hätte, was ich mit diesem Geld später hätte machen sollen oder wollen. Ich hatte ein Sparschwein, das ich regelmäßig plünderte, um mir Süßigkeiten zu kaufen. Ich bekam Geld zum Einkaufen und kaufte mir zum Brot für 1 Mark noch ein Stück Kuchen für 15 Pfennig.

Geld wurde für mich wichtig, als es plötzlich die Angst meines Vaters gab, der selbstverständlich wusste, dass im Kapitalismus der Verlust von Arbeit Armut bedeutete. Ich kann mich nicht erinnern, von ihm in den Jahren, in denen wir zusammenlebten, Geld verlangt zu haben und er verlangte von mir kein bestimmtes Verhalten mit Geld. Ich gab das Geld, das ich von meiner Mutter als Unterhaltszahlung bekam, wahllos aus, wenn es da war. Wenn es weg war, war es weg. Ich sparte nicht und fand alles, was sich zu viel mit Geld beschäftigte, einfach nervig. Plötzlich – mit dem Eintreffen der Unterhaltszahlungen nach der Wende – war ich privilegiert, weil ich als einziger Teenager einfach so Geld bekam, mehr jedenfalls als das Taschengeld von Freundinnen und Freunden betrug. Ich gab es auch für sie mit aus, meistens für Essen und Süßes, manchmal für CDs. Ich hatte keinen Sinn für Markenkleidung und verhielt mich auch sonst eher uncool. »Cool« und in teuren Markenklamotten unterwegs, das waren eher die Rechten. Ich arbeitete als Eisverkäuferin, manchmal, aber mehr aus schlechtem Gewissen meinen Freundinnen gegenüber, die sich alle etwas dazuverdienen wollten und auch immer wussten wofür. Meine Mutter kaufte mir ein Kleid zum Abiturabschluss, das habe ich heute noch und es seit dem einen Mal auch nie mehr getragen. Es hat über 400 D-Mark gekostet. Ich dachte: Es sieht schön aus, soll sie es mir kaufen. Es war mein erstes Prinzessinnenkleid. Mit 18 zog ich in die Welt und lebte ein Dreivierteljahr in Portugal. Dort brauchte ich fast nichts, nicht einmal ein Deo. Echt.

Jan Kein Geld auf den Bäumen

Wir waren in meiner Kindheit eher prekär ausgestattet zuhause. Es gab wenig Geld, es gab keinen Urlaub, aber es wurde relativ viel geteilt. Ähnlich wie in einer Großfamilie. Wir wohnten in Nachbarschaft zu dem Haus, in dem der Bruder meiner Mutter mit meiner Cousine lebte. Auch meine Großeltern wohnten im selben Haus. Meine Cousins und ich haben viel ausgetauscht, Spielzeug zum Beispiel. Es gab nicht so viel, aber das, was es gab, zumindest das Spielzeug, wurde so hin- und hergetauscht. Man hat sowieso immer zusammengespielt.

Ich bin der Erste in einer langen Familientradition, der aufs Gymnasium ging. Das gab es vorher nicht. Mein Vater ist Elektriker, meine Mutter Schneiderin, die allerdings ihre Erwerbsarbeit aufgab, nachdem wir Kinder geboren waren. Beide haben auf gewisse Weise einen sozialen Aufstieg mitgemacht, dem andererseits aber auch klare Grenzen gesetzt waren. Ich habe das damals nicht als Stigma empfunden. Aber es war vollkommen klar, dass es Unterschiede gibt in Bezug auf das, was wir besitzen und was andere besitzen. Wie groß beispielsweise der Fernseher ist. Welche Autos man fährt. Wer als Erstes ein Auto hat und was das für eines ist.

Als Kind und Jugendlicher musste ich eigentlich immer für mein Geld arbeiten. Von Anfang an. Es gab zwar Taschengeld, so um die 50 Pfennig, aber das stand immer in Zusammenhang mit Haushaltstätigkeiten. Ich half dafür im Haushalt, mähte Rasen und vieles mehr. Als ich älter war, hackte ich Holz, half meinem Großvater auf dem Hof. Es war immer klar: Wenn ich mehr Geld haben wollte, musste ich welches verdienen. Dafür habe ich zum Beispiel Zeitungen ausgetragen, später in einer Schreinerei gearbeitet. Die Verknüpfung war eigentlich immer Arbeit – Geld – Besitz. Geld gab es nicht so. Das wuchs nicht auf den Bäumen. Klar gab es Weihnachts- und Geburtstagsgeschenke, aber im Vergleich zu den Geschenken anderer waren sie immer etwas kleiner. Das fiel mir allerdings erst so richtig auf, als ich dann das Gymnasium besuchte. Außerdem fuhren alle in den Osterferien in den Urlaub, in den Herbstferien in den Urlaub, in den Sommerferien in den Urlaub. Im Winter noch mal Skifahren. Wir sind nie weggefahren. Meine Mitschüler*innen bekamen dann auch tolle Fahrräder geschenkt, während ich für mein Rennrad gespart und Zeitungen ausgetragen habe.

Auch da wir im Dorf lebten, waren die Möglichkeiten eingeschränkt, Geld auszugeben. So bin ich nicht in die Eisdiele gegangen, sondern es kam immer der Eismann vorbeigefahren. Der hatte so einen Wagen mit Türen, das weiß ich noch, und hatte ein Programm, das man durchguckte. Und dann durften wir manchmal Eis aussuchen. Eis in der Plastikfolie. Das war lecker. In die Eisdiele bin ich dann erst später gegangen, als ich auf das Gymnasium gegangen bin und dort immer vorbeigelaufen bin. Dort kosteten die Eiskugeln zehn Pfennig. Das war Wahnsinn.

Aber grundsätzlich hat mich das nicht unzufrieden gemacht, weder vorher, als ich den Konsum/Urlaub nicht kannte, noch hinterher. Und lässt mich vielleicht heute kritischer darauf schauen, aber auch den Konsum der anderen wohlwollender zulassen. Und das hat mir vielleicht eine grundsätzliche Zufriedenheit unabhängig vom Konsumieren beschert.

Zora Mittlerweile gerne: Geldgeschenke

Ich bin ein Kriegskinder-Wirtschaftswunder-Kind. Meine Eltern sind 1934 und 1939 geboren und vor allem mein Vater kannte existenzielle Not. Als Kind gab es für mich immer mehr als genug. Meine Eltern waren beide als Jurist*in im öffentlichen Dienst, beide Vollzeit arbeitend und Geld war genug da. Es gab eine Putzfrau und, als meine Brüder geboren wurden, eine Kinderfrau bzw. Haushälterin. Sie haben nicht geprasst oder geprahlt, aber mir deutlich vermittelt, wie angenehm es ist, wenn mensch keine Geldsorgen haben muss. Auch der Habitus gehörte natürlich dazu: Theaterabo, Opernpremierenabo, die *Zeit* lesen; nach Weihnachten Skiurlaub, im Sommer drei Wochen wegfahren. Auch alle befreundeten Ehepaare hatten studiert, hatten ein bis drei Kinder, waren hetero, weiß-deutsch, FDP oder CDU-wählend. »Upper middleclass« würde man die Kategorie in Großbritannien nennen.

Einige meiner besten Schulfreund*innen kamen aus deutlich einfacheren finanziellen und sozialen Verhältnissen und den Unterschied habe ich früh deutlich gespürt. Vor allem bei diesen Freund*innen war es mir wahnsinnig unangenehm, sie unter der Woche zu mir nach Hause einzuladen, wenn unsere Haushälterin da war, deren Vorhandensein mir total peinlich war – sowohl die konkrete Person selbst als auch die Tatsache, dass meine Eltern sich »eine Bedienstete« leisteten und leisten konnten.

So bin ich in großer finanzieller Sicherheit groß geworden, habe mit 14 stolz mein erstes Girokonto bekommen, auf das dann immer mein Taschengeld überwiesen wurde. Selbst Geld verdienen und darauf stolz sein wurde aber zeitgleich auch sehr wichtig für mich, weil ich die Abhängigkeit von meinen Eltern nicht mochte. So habe ich schon früh, ab 14, viel Nachhilfe gegeben und mit 15 erste Ferienjobs gemacht, obwohl ich es doch gar nicht

»nötig« hatte. Ab 16 habe ich im Altenheim gearbeitet, wochenends und in den Ferien.

Mit 19 bin ich ausgezogen und hatte dann zwiespältige Gefühle, zum Studium Geld von meinen Eltern nehmen zu müssen und dies auch zu wollen. Alles selbst zu verdienen wäre natürlich möglich gewesen, aber absurd, denn meine Eltern hatten genug Geld, gaben es mir gerne, knüpften auch keine erkennbaren Bedingungen daran und es wäre sauanstrengend gewesen. Meine »Lösung« bestand darin, alle zusätzlichen Geldgeschenke von meinen Eltern abzulehnen, und immer parallel zu jobben, so dass ich ein paar hundert Mark monatlich zusätzlich selbst verdiente und für Urlaube oder größere Anschaffungen nie meine Eltern um Geld bitten musste.

Nicht zuletzt durch die Finanzcoop hat sich das finanzielle Verhältnis zu meinen Eltern gewissermassen »entstört« – Geldgeschenke nehme ich jetzt gerne an :-). Ich kann auch wertschätzen, dass meine Eltern mir so viel finanzielle Sicherheit mitgegeben haben. Dass manch anderes dafür fehlte, ist hier jetzt ja nicht das Thema.

Mein (finanzielles) Sicherheitsgefühl speist sich sowohl aus dem zu erwartenden Erbe, als auch daraus, dass ich Existenzangst nie kennengelernt habe und dadurch eine Art unverwüstlichen finanziellen Optimismus eingeimpft bekommen habe – gepaart mit der Grundüberzeugung, dass ich immer in der Lage sein werde, mich und auch andere finanziell versorgen zu können. Ganz schön naiv liest sich das. Und ganz so einfach ist es natürlich auch nicht, denn es gehört ja leider die Arbeit dazu … mensch muss eben auch immer furchtbar hart arbeiten dafür … zack, da ist dann das protestantische Ur-Element.

Spielwiese für den Ernstfall

Wenn ich auf meine Kindheit zurückblicke, hab ich vor allem eine Assoziation: »unbeschwert«. Keine Scheidung, keine Gewalt, keine Unterdrückung und auch irgendwie keine Geldsorgen. Es gab immer genug zu essen, Scout-Ranzen und sowohl Lego- als auch Playmobil-Spielzeug waren vorhanden. Auf jeden Fall Mittelschicht.

Obwohl es aus heutiger Sicht doch hier und da Anzeichen gab, dass Geld bei meinen Eltern lange eher gerade so gereicht hatte, als dass es im Überfluss vorhanden war. Bis zu meinem fünfzehnten Lebensjahr musste ich mein Zimmer mit meinem kleinen Bruder teilen. Das war einfach so. Lange Zeit fuhren meine Eltern Gebrauchtwagen, die durchaus in keinem besseren Zustand waren als die Autos, die ich später fuhr. Der erste Wagen, an den ich mich erinnere, ein alter VW Kombi, hatte handtellergroße Rostlöcher im Kotflügel. Mit dem ging es entweder zur Oma an den Bodensee oder an die Nordsee. Der erste Trip nach Jugoslawien war ein richtiges Abenteuer. Bei der ersten Flugreise war ich, glaube ich, schon zwanzig und gerade ausgezogen. Der Schwarz-Weiß-Fernseher begleitete mich fast bis zu meinem Auszug.

Auffallend war der Unterschied vor allem zu den Nachbarskindern, die quasi immer den letzten »heißen Scheiß« hatten. Kabelfernsehen (klar bunt), Atari, C64, C128 und die entsprechenden Spiele, Videorekorder, Fritteuse und, klar, die Eltern einen BMW vor der Tür. Aber für mich und meinen Bruder war das eher eine Spielwiese, die wir regelmäßig besuchten und ausnutzten.

Später waren Vaters Einkünfte zu groß für BAföG und ich durfte elternfinanziert studieren. Auch hier war eigentlich immer alles da, auch wenn es sich natürlich so anfühlte, als könnte es hier und da ein bisschen mehr sein. Da ich schon früh angefangen hatte, mir etwas dazuzuverdienen (erst Zeitungen austragen, dann im Supermarkt Regale auffüllen etc.), war es auch ganz normal, im Studium nebenher zu arbeiten. Aber nie, um mir mein Leben bzw. die entsprechende Existenzgrundlage zu verdienen, sondern eher den Kneipenabend, den Kinobesuch und mehr.

Unbeschwert halt.

Norman Klassenflucht und Walforschung

Es muss erwähnt werden, dass weite Teile dieses Textes in der Karibik[1] geschrieben sind. Während ich also über meine Herkunft nachdenke, die sich urlaubstechnisch viele Jahre am Wolfgangsee abspielte, halte ich die Füßchen in türkisfarbenes Wasser und lasse ein paar bunte Fische daran knabbern, bevor ich zurück zu meinem Campingbus schlendere, um dort an meinem Laptop zu schreiben. Der Wind drückt schwüle Luft von Land in Richtung Meer, alles fühlt sich sehr lässig an. Den Bus habe ich für die Nacht in Sichtweite eines Standrestaurants geparkt, was mir ein gewisses Gefühl von Sicherheit gibt. Meine festlandeuropäische Herkunft mit kolonialer Ausbeutungsgeschichte macht mich hier

[1] Ich befinde mich auf der Insel Guadeloupe, einem französischen Département in der Inselkette der Kleinen Antillen, knapp 7.000 Kilometer von Paris entfernt. Durch Kolumbus auf die europäischen Karten geraten, werden zunächst die Bewohner*innen ermordet oder versklavt, die Insel 1648 von Frankreich kolonialisiert und das brutale Ausbeutungssystem der Sklaverei errichtet. Während der Französischen Revolution wird die Sklaverei aufgehoben, jedoch von Napoleon wieder eingeführt. Dies kann auch durch einen Aufstand nicht verhindert werden und letztendlich wird die Sklaverei erst 1848 abgeschafft. Die Insel wird 1946 Überseedépartement Frankreichs und politisch sowie sozialrechtlich an das Festland angeglichen. Löhne und Sozialleistungen sind aber geringer und stehen höheren Lebensmittelkosten gegenüber. Erst 2009, nach einem siebenwöchigen, militanten Streik, infolgedessen der Tourismus zum Erliegen kam, wird u. a. der Mindestlohn angehoben.

privilegiert. Der Inhalt meines Reiserucksacks ist wertvoll und wie vielen Menschen, die ich hier treffe, ist es es möglich, den ihren zu packen und nach Berlin zu reisen?

Um Aspekte meines Aufenthalts jenseits von wunderbaren Kugelfischen, Duck Dive und Ti Punsch zu verstehen, habe ich begonnen Frantz Fanon[2] zu lesen. In seiner Studie »Schwarze Haut und weiße Masken« setzt er sich mit der Verinnerlichung von Kolonialismus, Machtverhältnissen, Dominanz und Unterdrückung auseinander[3]. Dabei schreibt er aus psychologischer Perspektive über das Neurotische in der Begegnung von Schwarzen und Weißen in postkolonialen, rassistischen Gesellschaften[4].

In assoziativer Aneignung seiner spezifischen Argumentationen denke ich über den Aspekt des Neurotischen im Kontext meines eigenen Herkunftsmilieus nach. Dies verbinde ich mit dem Akt des Reisens, mit Walen und Delfinen. *Flipper* war in meiner Kindheit für viele eine passable Unterhaltungsserie. Für mich selbst war die Freundschaft mit einem Delfin oder gar Wal ein Kindertraum. Dabei war mir klar, dass ich niemals einen zu Gesicht bekommen würde. Im Wolfgangsee gab es beides nicht und in der Grömitzer Bucht an der Ostsee waren mir auch keine Sichtungen bekannt. Mit diesen Urlaubszielen bin ich aufgewachsen und nach einem geradezu exotisch erscheinenden Besuch des Gardasees bin ich aus der familiären Reisegruppe ausgestiegen. Ich schätze, ich war 22, als mir ein Freund von einem Fjord in Norwegen erzählte, in dem die Wale vom Ufer aus beobachtet werden können. Diese Information faszinierte mich, aber ich brachte

---

[2] Frantz Fanon war ein französischer Psychiater, Politiker, Schriftsteller und Aktivist der Entkolonialisierungsbewegung. Er wurde auf Martinique geboren.

[3] Sein Untersuchungsfeld sind die antilianischen Inseln Martinique und Guadeloupe.

[4] Er untersucht, welchen Einfluss Unterdrückung und Rassismus auf die Kolonialisierten haben und wie sich eine entfremdete Selbstwahrnehmung bei den Betroffenen entwickelt und auswirkt.

sie nicht mit mir in Verbindung. Es erschien mir plausibel und faszinierend, dass Menschen dafür reisten. Mehr habe ich nicht dazu gedacht. Viele Jahre später habe ich in Mexiko zwei Wale vom Strand aus springen sehen. Es war mein erster Reisetag und ich überlegte wieder abzureisen, da ich bereits jetzt alles gesehen hatte. Wale zu beobachten bedeutet für mich ein Erlebnis, von dem ich viele Jahre lang dachte, es sei nicht für mich vorgesehen.

Während meiner Reisen, die ohne Coop so nicht möglich wären, begegnet mir mitunter mein verstorbener Vater. Aus den Augenwinkeln sehe ich ihn für einen Wimpernschlag. Die Haltungen, die ihm mein Unbewusstes gibt, sind variabel und vielschichtig. Neid, Erstaunen und Wohlwollen kommen vor. Maßreglung ebenso: »Das ist zu viel des Guten«. Zu viel des Guten waren Dinge, die wir uns nicht leisten konnten. Herkunft vergeht nicht, denke ich dann.

Ich erinnere mich an meinen Großvater, der mir gelegentlich zwei Strategien zur Klassenflucht vorschlug: »Gute Noten oder eine reiche Frau finden«. Ich lachte als Kind befremdet darüber. Beides schien mir unmöglich. Es war auch nicht ernst gemeint. Es war die ironische Form von »Schuster, bleib bei deinen Leisten«, einen Ausspruch, den ich ebenfalls hörte. Bei diesem schaute ich beschämt zu Boden. Mit diesem Gefühl der Scham hatte ich lange Jahre zu tun. Meine Liebesbeziehungsgeschichte betrachtend erscheint es, als hätte ich den Rat meines Großvaters doch ernst nehmen wollen. Ich wollte ein bisschen weniger aus diesen klemmigen Verhältnissen kommen, war beeindruckt von liberalen Familiengeflechten, die zudem finanziell gut situiert waren und in denen es Eigentum gab. Einerseits. Anderseits brachten mich diese Kontakte in schamvolle Situationen. Diese Leute hatten eine Meinung dazu, ob das Croissant geschnitten oder getunkt wird. Ich wusste zunächst nicht, was ein Croissant eigentlich ist. Ich versuchte, mich angemessen zu benehmen, ohne zu wissen wie. Mitunter schlugen meine Scham und Unsicherheit in versteckte Formen der Aggression um. Gegen die

Häuser, die sozialen Codes, die Beziehungsgeflechte und gegen meine Partnerschaften[5]. In diesen Zuständen war Verbundenheit nicht mehr spürbar. Etwas Feindseliges brach hinein. Ich war der Schuster und nicht bei meinen Leisten, die Bescheidenheit meines kulturellen Kapitals wurde mir vorgeführt, was mich blamierte und zudem saß ich beim Feind, bei denen die von Tutenundblasen keine Ahnung hatten.

Bei der Idee der Finanzcoop ging es um eine Angleichung unterschiedlicher Kapitalformen. In den Anfangsjahren war das finanzielle Kapital dabei am eindeutigsten angesprochen. Dass mich mitunter die anderen mit einem Kaffee weckten, bevor sie zur Uni fuhren, damit ich doch noch zur Fachschule ging, empfand ich damals als liebevolle, unterstützende Geste. Dass mir dieser Akt institutionalisiertes Kulturkapital in Form eines Schulabschlusses ermöglichte, verstand ich erst später und wundere mich, dass dies schamfrei funktionierte. Nur wenn heute diese alten Geschichten erzählt werden, ist es mir unangenehm, weil sie mir erzählen, woher ich komme. Es wird kein Zufall sein, dass wir zu dieser Zeit aus einer Gruppe bestanden, in der die Beziehungen zur Herkunft eher konflikthaft und distanziert waren und somit die Herkunftsmilieus aus unterschiedlichen Gründen überwiegend in Ablehnung präsent waren. War diese Komplizenschaft das feste Seil des Netzes? Für mich gesprochen stelle ich fest, dass ich in meinen Erinnerungen an zwei Jahrzehnte mit der FC keine Momente des schamvollen Versinkens finde. Sentimentale Verklärung oder Grundlage für zwanzig Jahre eines gelingenden Projekts? Ich schließe die Bustür und fahre weiter.

---

[5] Wofür ich mich entschuldigen möchte.

Gerd An die Grenzen der Vernunft

»Geld war bei uns nie ein Thema« – hört sich ganz gut abgehoben an, oder? Nun, Geld war bei uns tatsächlich nie Thema. Aber eher, weil wir einfach nie darüber gesprochen haben. Und deswegen haben wir uns als Kinder dann auch keine Gedanken darüber gemacht. Alles als normal hingenommen und nicht hinterfragt … Kind halt.

Meine Eltern waren beide an der Uni und haben sich beim Pharmaziestudium kennengelernt. Die Dorf-Apotheker*innen. Das waren meine Eltern. Und damit wahrscheinlich ziemlich gut verdienend. Was mir allerdings nie aufgefallen ist. Obere Mittelschicht im Speckgürtel von Frankfurt. Drei Autos (klar, alle VW), einkaufen bei Edeka, Tennis, Klavier, dreimal im Jahr auf die Kirmes, Urlaub in Skandinavien oder mit dem Wohnwagen an der Plöner Seenplatte oder mal nach Malle, Führerschein bezahlt bekommen und Unterstützung meiner Ausbildung für eine vorher festgelegte Zeit.

Wie fühlt sich das an? Ich würde mal sagen: satt. Und sehr vernünftig … Rein kohlemäßig wäre da sicher noch mehr drin gewesen an Lebensstil, aber irgendwo war da anscheinend eine vernunftgezogene Grenze nach oben. Da wurde nicht geprasst, sondern alle Anschaffungen wurden sehr gut und sinnig begründet. Das hatte nichts von »Wir können's uns halt leisten«, sondern eher etwas von »Das muss jetzt schon so sein, weil …«.

Eigentlich eine Traumkindheit, da ist jegliches Jammern wirklich auf hohem Niveau. Ich habe viel Verständnis und Akzeptanz für die Wahl meines Lebenswegs geerntet. Auch als die Haare länger und die Meinung radikaler wurde … Sogar das Kiffen im Hause wurde stillschweigend zuerst ignoriert und dann akzeptiert. Das Wichtigste war: »Alles in einem gewissen Rahmen okay, solange wir darüber reden können«.

Aber auch da gab es Grenzen: zum Beispiel meine Nicht-Akzeptanz gegenüber der Wichtigkeit, die die Bundeswehrzeit für meinen Vater besaß. Er: »Bunderwehr, toll! Was hatten wir für eine gute Zeit, wir Kameraden!« Ich: »So ein Scheiß! Bundeswehr ist doch das Letzte, und alle, die freiwillig da hingehen, sind doch komplett hirnamputiert!« Dabei wäre es so einfach gewesen zu sagen: »Nun, ich finde die Bundeswehr wirklich kacke und viele gehen da aus den falschen Beweggründen hin, aber ich kann verstehen, dass es für dich viel bedeutet, weil du dort eine gute Zeit hattest …«. Naja, Jahre später ging das, aber zwischen 15 und 25 war ich für solche Aussagen oder gar Zugeständnisse (vor allem meinen Eltern gegenüber) einfach nicht gebastelt.

Dennoch wirft es ein ganz gutes Licht auf das Aufwachsen in meinem Elternhaus, dass dieser Konflikt eigentlich die größte existenziellere Auseinandersetzung war, die wir hatten. Sonst spielte sich das eher auf der Ebene ab von »Wie?! Du willst nicht mehr zum Klavierunterricht?!« oder »Wieso weigerst du dich, deine Freunde die Verzichtserklärung auf Schadensersatzansprüche im Falle eines Unfalls unterschreiben zu lassen, wenn sie bei dir mitfahren?!«

»Weil das voll peinlich ist…«

»Wie bitte?«

»Weil das peinlich ist … da will doch keiner mitfahren, wenn er da irgendwas unterschreiben muss bei mir vorher.«

»Was?! Das ist doch ganz egal! Stell dir mal vor, da passiert was und dann musst du für den Rest deines Lebens blablabla, und immer so weiter …«.

Wie gesagt: Sehr vernünftig. Und satt. Wenn das schon alle Probleme sein sollen …

Lohn Arbeit Leben

Kerstin Freiraum, Eigensinn, Widerstand

Neulich sagte eine Freundin, die als Instrumentenbauerin arbeitet, zu mir: »Manchmal traue ich mich nicht, mir Stunden aufzuschreiben, weil mir das, was ich arbeite, wie mein Hobby vorkommt.« Als ich mit einem Kollegen die Detailplanung seiner Elternzeit erörtere, fällt mir auf: Ich bin gar nicht auf den Gedanken gekommen, so etwas für den Zeitraum, nachdem mein Kind das Kindergartenalter erreicht hatte, zu planen. Ich habe einfach nicht den Eindruck, zu wenig Zeit für meine Tochter zu haben, ich habe eher das Gefühl, zu wenig Zeit zum Arbeiten zu haben. Das mag daran liegen, dass ich meine Arbeit vielleicht nicht wie ein Hobby, aber wie eine gute Aufgabe, die zu mir passt, empfinde, und sie, wenn eine andere, ebenso wichtige Aufgabe – das Kind und seine Bedürfnisse – in den Vordergrund tritt, auch beiseitelegen kann und dies auch tue. Dann habe ich alles gut gemacht: ein freies Wochenende gebaut, das Kind ausgeglichen und zufrieden mit Low-budget-aber-fulltime-Aktivitäten durch die Tage begleitet – und dann liegen da noch die Texte und es wird eng. Aber: Die niedrig bezahlte halbe Stelle mit einem Rattenschwanz an Nebenprojekten, die unbezahlt laufen, bereitet mir inhaltliche Freude und Erfüllung. Was ansteht, übernehme ich, bei weitgehend flexiblen Arbeitszeiten und wenigen festen Terminen. Ich empfinde mich in einem Feld, in dem meine Kolleg*innen alle noch häufig dieselbe Zeit draufarbeiten müssen, samt Abgabendruck und Stress und dem dazugehörigen Habitus, als relativ ausgeglichen. Und, wenn ich die sogenannte Work-Life-Balance halte, auch als eine gute Kollegin und Sorgearbeiterin.

Die FC hat mein Verhältnis zu meiner Lohnarbeit immens geprägt. Ich gehöre zu denen, die zu keinem Zeitpunkt ausschließlich allein für ihre Versorgung aufkommen mussten. Ich bin aus der Kombination Unterhaltsversorgung und Studijob direkt in die Finanzcoop eingestiegen. Als ich meine sozialwissenschaftliche Ausbildung abgeschlossen hatte, herrschte Ratlosigkeit: Sollte ich eine akademische Karriere anstreben? Zwei, drei halbherzige Versuche haben mir schnell klargemacht: Dafür bin ich – zumindest mit Ende zwanzig – auf keinen Fall gut und entsprechend aufgestellt. Alle Versuche, in der Praxis »die Nase in der Furche« zu halten, führten am Ende zum selben Ergebnis: prekäre Selbstständigkeit mit größtmöglicher Autonomie in der inhaltlichen Ausrichtung, in hierarchiebasierten Konstellationen selten erfolgreich und langfristig. Ich schlug mich lange mit dem Bezug von Hartz IV herum und dem Eigensinn, dem neoliberalen Ausbeutungsdruck halbwegs selbstbewusst widerstehen zu wollen. Ohne Finanzcoop undenkbar. Wie das bei Freund*innen ohne kollektiven Rückhalt aussah und zum Teil immer noch aussieht, schaue ich mir regelmäßig an: sehr, sehr angestrengt und immer überlastet arbeiten, um dann in vielen, vielen, kleinen, angestrengt geplanten Urlauben zu regenerieren. Damit möchte ich niemandem unrecht tun, der dies für sich als absolut geniales Modell empfindet – es sieht nur selten danach aus. In diesem Zusammenhang erschien es mir dann nachrangig, Dinge zu diskutieren wie: »Aber das ist ja total nervig, wenn du in deiner FC immer fragen musst, ob du mal eben schnell nach Spanien zum Extrem-Erholen fliegen darfst!« Das Bedürfnis, danke liebe FC, hatte ich schon lange nicht mehr.

Ich empfand die Einkommensunterschiede in der Gruppe oft als Klassenunterschiede und das ist bis heute so geblieben. Aber es wird diskutiert und reflektiert. Mehr kann ich mir nicht wünschen. Die Herkunft arbeitet in uns allen auf unterschiedliche Weise.

Ich gehöre zu einer Gruppe von Menschen, die durchschnittlich zehn, fünfzehn Jahre später als unsere Elterngeneration an einem Punkt in ihrem Arbeits- und Erwachsenenleben angekommen sind, an dem sie sagen würden: Das mache ich jetzt noch zwanzig Jahre. Nicht vierzig. Das finde ich komisch. Ich bin keine Arbeiterin geworden und keine toughe Ärztin oder nervenstarke

Lehrerin und auch keine unbestechliche Juristin. Konkrete berufliche Vorstellungen habe ich in der zerbröselnden ostdeutschen Gesellschaft der 1990er-Jahre nicht entwickelt. Später haben meine Kräfte und Bedingungen immer nur bis zum nächsten kleinen Buchladen, Kino oder Zeitungsprojekt gereicht. Mein Lebensstandard orientiert sich daran.

Die Finanzcoop hat das alles befördert, sie hat mir ökonomische Selbstständigkeit ermöglicht, ohne mich dem Kapitalismus in seiner Verkleidung als staatliche Leistungsvergeberin vollkommen ausliefern zu müssen, hat mich auch mal vernünftig an den Ohren gezogen und mich umgekehrt an die staatlichen Leistungen erinnert, die mir auch zustehen, wenn ich mich an den ersten Satz des Professors in meiner Studiums-Einführungsveranstaltung richtig erinnere: »Herzlich willkommen. Niemand von Ihnen geht sicherlich davon aus, mit dieser Ausbildung jemals einen Job zu erhalten.« (Universität Hamburg, Oktober 1997)

Branka Wie würde Norman das jetzt machen?

Der Schreibimpuls zum Thema Arbeit erreichte uns am ersten Mai, Arbeiter*innen-Kampftag. Das war ein grauer, nasser Tag und für den Gesundheits-Block in der revolutionären 1.-Mai-Demo hatte ich mir eine Softshell-Jacke unter den grünen OP-Kasak angezogen. Schon beim Warten auf die anderen Mitstreiter*innen des AK Gesundheitssystem wurden mir die Zehen in den Gummistiefeln kalt. Dass es das jetzt endlich gibt, nicht nur in Frankfurt und Berlin, sondern auch in Hamburg, eine Gruppe kritischer Ärzt*innen (offen für alle anderen im Gesundheitswesen Beschäftigten und Patient*innen), die sich regelmäßig trifft und austauscht und für das Thema auch auf die Straße geht, das hat mich sehr gefreut. Unsere Themen sind die unerträglichen

Arbeitsbedingungen, die Arbeitsverdichtung, die täglich an der empathischen Zuwendung für die Patient*innen nagt, die Absurdität des Zwangs zur Profiterwirtschaftung von Krankenhäusern und ihre verheerenden Folgen. Auf unserem Transparent stand »Fallpauschalen nützen nur Privatkonzernen – für eine bedarfsorientierte, solidarische Gesundheitsversorgung«.

Ja, damit fing es an. Zusammen mit den Fallpauschalen ging es bergab mit den Arbeitsbedingungen, mit dem Probelauf und schließlich der Einführung der DRGs (*disease related groups*) 2001/2003. Als ich 2000 das Medizinstudium fertig hatte und als Ärztin im Praktikum (ÄiP) ein schmales erstes Gehalt verdiente, tat ich mir sehr leid, dass ausgerechnet jetzt diese unbarmherzige Erneuerung eingeführt wurde. Hatte ich mich doch damals nicht zuletzt deswegen für das Medizinstudium entschieden, da ich dem Irrglauben erlegen war, dass ich in diesem Tätigkeitsfeld mit den Wirkungsweisen/der Verwertungslogik des Kapitalismus nichts zu tun haben würde. Ich hatte damals ein nettes Team auf meiner Station, wir hatten Zeit für die Patient*innen, die teilweise wochenlang auf der Station lagen. Trotzdem hatte ich fürchterlich lange Tage und am Ende eines Stationstages mussten noch aus den Aktenbergen Briefe diktiert werden. Dabei haben wir drei Ärzt*innen Unmengen Kaffee mit Milch aus diesen kleinen Pressglasgläsern getrunken und im Arztzimmer, das auf Station lag, geraucht! Ich fühlte mich so fürchterlich eingesperrt in dieser Institution, einmal bin ich aus lauter Freiheitsdurst an einem sonnigen Samstag, an dem ich einen 12-Stunden Dienst hatte, verbotenerweise über einen Treppenschacht auf das Krankenhausdach geklettert, nur um frische Luft zu atmen und den Wind zu spüren. Bei den stundenlangen Visiten vormittags hatte ich das Gefühl, das Leben ziehe an mir vorüber, ungelebt. Vergeudung meiner Jugend! Die Jahreszeiten vergingen, ohne dass ich ihren Wechsel wirklich spürte oder nur wie dressiert wahrnahm. In den genormten Plastik-Blumenvasen auf den Patient*innen-Nachttischen lösten Tulpen die Osterglocken ab, später im Jahr schließlich welkten Sonnenblumen und Astern vor sich hin. Und im Winter ein Leben in Dunkelheit, im Dunkeln hin zur Arbeit, im Dunkeln nach Hause. Dass ich, obwohl mir ein Fachärztinnen-Vertrag angeboten wurde, diesen am Ende des ÄiPs ablehnte und mich arbeitslos meldete, das konnte ich nur so gut machen, weil ich die Finanzcoop hatte. Dass die Lohneinbuße kaum ins Gewicht fallen würde, war damals klar, und dass es viele Dinge gab, für die es sich eher lohnte zu leben als für die Arbeit, stand sowieso fest. Nach einem Jahr versuchte ich es dann erneut mit dem Ärztinnen-Dasein, allerdings in England und seinem damals noch wunderbaren National Health Service (NHS) – der erbärmlicherweise mittlerweile auch fast zu Tode reformiert wurde. In meiner Zeit in England habe ich ein wunderbar entspanntes, qualitativ hochwertiges, wissenschaftlich fundiertes Arbeiten kennengelernt und die Freude am ärztlichen Beruf wiedergefunden.

Seitdem sind viele Jahre vergangen und mittlerweile arbeite ich als angestellte Fachärztin mit einem unbefristeten 70-Prozent-Vertrag an meinem Traumarbeitsplatz in einer großen interdisziplinären Notaufnahme eines Krankenhauses der Maximalversorgung. 70 Prozent, um Zeit zu haben für Kind, Partner, Politgruppen und die WG und nicht zuletzt auch für die FC-Treffen, um dort Freitagabend eher entspannt nach einem freien Arbeitstag anzukommen. 70 Prozent aber leider auch, weil die Arbeitsbelastung in den letzten Jahren so angestiegen ist, dass ich einen höheren Stundenumfang nicht mehr bewältigen könnte. An meinen freien Tagen, die mir die Teilzeitstelle beschert, schwirrt mir manchmal die Liedzeile »Mach dir einen schönen Tag, wenn du das noch kannst« von der Berliner Gruppe »Tod- und Mordschlag« durch den Kopf. Sich dem Sog, den die sinnstiftende Arbeit als Ärztin ausübt, nicht völlig zu ergeben, war schon immer mein Vorsatz und gelingt mir nicht zuletzt durch die Finanzcoop immer noch einigermaßen gut. Mein Arbeiten-und-Leben-Role-Model ist Norman, ich phantasiere mir manchmal seinen scheinbar relaxten

Alltag, ohne Hetze und Stress und schalte dann und wann einen Gang zurück und denke: «Wie würde Norman das jetzt machen?« Keine Ahnung, ob sein Alltag wirklich immer noch so gechillt ist, aber als Stressbremse funktioniert die Vorstellung von Erinnerungen, wie es früher mit meinem lieben Mitbewohner Norman war oder wie seine Erzählungen in den Eingangsrunden ab und an klingen, ganz gut.

Zora In der Arbeitsfalle

Ich arbeite, du arbeitest, er, sie, es arbeitet. Wir arbeiten – lieber nicht bzw. nicht so viel .... Zumindest wollte keine*r von uns in der Lohnarbeitsfalle landen – ursprünglich. Wie wohl fast jeder andere Mensch streben wir FCler*innen nach einem Leben mit Platz für Vielfältiges – Beziehungen, Politik, Musik, Müßiggang, Kultur, wo Lohnarbeit nur eine begrenzte Rolle spielt (wenn überhaupt). Zu den Anfangswünschen gehörte jedenfalls auch die Idee: Wenn du mal weniger arbeiten willst, arbeite ich halt mehr – was zugleich die Chance birgt, nicht nur Geld, sondern eben auch Zeit, Freiräume ... solidarisch miteinander zu teilen.

Tatsächlich haben die Ausbildungen und Projektwege allerdings eine Eigendynamik. Wenn ich ein Bioladenkollektiv gründe, ist das in der Planungs- und Anfangszeit ein Wahnsinnsfulltimejob. Wenn ein Baby geboren wird, ist das sehr dominierend für den Alltag der Erziehungspersonen und beschränkt Vielfältigkeit. Freiberuflich im Journalismus zu arbeiten kennt kaum Arbeits- oder Ferienzeiten. All dies ist aber natürlich auch im Wandel, kann vorübergehen, hat solche und solche Phasen.

Mein Oberärztinnenjob in der Kinderklinik hingegen ist in

sich nicht so wandelbar. Das Zuwenig (an Personal), das Zuviel (an Verantwortung, an Papierkram), das Immer-zu-wenig-Zeit-Haben (für alles) bleibt relativ konstant übers Jahr. Angesichts des unerträglichen ökonomischen Drucks, der auf Krankenhäusern liegt, nehmen Belastungen, Bedrängnis und Zeitnot immer weiter zu. Parallel dazu entsolidarisieren sich Kolleg*innen, jede*r ist sich ja selbst der*die Nächste und muss sehen, wo er*sie bleibt. Mein Idealismus der ersten Berufsjahre – Gesundheit für alle als radikale politische Forderung, eine sinnstiftende Arbeit, unberührt von der hässlichen neoliberalen Kapitalismusfresse – ist von DRG-System, Spardiktat und Ökonomisierung im Gesundheitswesen brutal überrollt worden. Tja, wo kann da die Finanzcoop helfen?

Angesichts der Gehaltsunterschiede im real existierenden kapitalistischen Lohnarbeitsleben ist die Idee »Dann arbeiten andere halt mehr im Ausgleich« faktisch utopisch, wenn diese für einen vergleichbaren Stundenlohn das 3–5-Fache arbeiten müssten. Weniger ausgeben, sparen, damit ich weniger arbeiten muss – tja, theoretisch klar. Praktisch ist das mit dem Weniger-Arbeiten aber vor allem durch die Struktur meiner Arbeitsanforderungen im Moment (noch?) nicht denkbar, da ja auch Inhalte dann von jemand anderem besetzt werden müssten – dieser Person, die es nicht gibt. Mitarbeiter*innen im Gesundheitswesen und gerade wir in der Kinderklinik sind außerdem moralisch furchtbar erpressbar. Dafür kann die Finanzcoop nix.

Die Finanzcoop ist aber ein freundlich gesonnener Reflexionsraum. Sie kennt das alles über die Jahre. Fragt immer mal nach dem Realitätsgehalt meines Unersetzbarkeitswahns. Unterstützt Burnout-Beratung. Sagt: Dann meld dich doch mal krank, wenigstens ein paar Tage. Aber macht unausgesprochen natürlich auch Druck: Kann ich denn mal ein paar Monate aussteigen aus dem Hamsterrad und nix verdienen, wo mein Gehalt so einen großen Batzen ausmacht und wir aktuell monatlich nicht wirklich gut hinkommen?

Ich kenne letztlich ja kein Lohnarbeitsleben ohne FC – wenn

ich Jobs aus Studizeiten mal nicht mitzähle –, darum fehlt mir ein Vergleich.

Konsum als Kompensation für Frust und Überarbeitung in dieser Leistungsgesellschaft ist naheliegend, das fühle ich auch immer mal wieder und das sehe ich zum Beispiel an Kolleg*innen. Da gibt es viele dieser Konsumdinge – ein Kitesurfwochenende in Spanien, ein geiles zweites Rennrad –, die ich aber vielleicht als Einzelperson ohne FC genauso nicht machen würde. Wer weiß?

Für die Kolleg*innen, gerade diejenigen aus der Pflege, die ja viel weniger Geld verdienen im Vergleich zu mir – wenn man mich als ein finanziell einzelstehendes Ich betrachtet –, ist es dann aber immer wieder schräg, wenn ich sichtlich nicht den Lebensstandard meiner ärztlichen Kolleg*innen teile. Kein ansatzweise schickes Auto, keine All-inclusive-Hotelurlaube, keine teuren Klamotten und so. Eine Weile fand ich es auch schwierig, meine Position in Bezug auf die Frage »Wie viel Geld will ich ausgeben?« in meinem beruflichen Rahmen zu finden. Zum Beispiel: Was spendiere ich bei der Weihnachtsfeier? Alle Getränke? Eine Runde? Nix? Unabhängig von der Finanzcoop entspräche mir bei einem Nettomonatsgehalt von 3.800 Euro eigentlich mehr Großzügigkeit – bezogen auf meine Stationsmitarbeiter*innen also: alle Getränke auf der Weihnachtsfeier zu zahlen. Mit der Finanzcoop im Rücken passt das aber gefühlt nicht. Allen Mitarbeiter*innen das FC-Modell zu erklären ist mir aber auch definitiv zu viel.

Neben fehlendem »FC-Outing« auf der Arbeit war ich für mein berufliches Umfeld aus komplexen Gründen lange Jahre auch als lesbisch lebende Frau nicht »out«. Das zusammen war im Rückblick wirklich ungesund. Die täglich im Mikrokosmos Krankenhaus verbrachte Lebenszeit ist dann doch zu lang, um gleich mehrere meiner zentralen Lebensbereiche derart auszuklammern. Inzwischen bin ich als Privatperson sichtbarer im Arbeitskontext. Dazu gehört zunehmend auch just jetzt, dass ich meine chronifizierte Erschöpfung nicht verstecke und versuche, offensiv damit umzugehen. Dazu gehört es, sich dem

Wahnsinn der zunehmenden ökonomischen Anforderungen an ärztliches Handeln entschlossen entgegenzustellen.

Die Finanzcoop als freundlich gesonnene, kritisch reflektierende, mehrstimmige Begleiterin in all dem ist für mich echt unersetzlich.

Jan Ein größeres Ganzes

Ich habe mich schon öfter gefragt, was wäre, wenn ich keine Finanzcoop hätte. Würde ich dann genau so arbeiten wie jetzt auch, als Selbstständiger, der circa zwei Wochen Urlaub im Jahr in Anspruch nimmt? Letztlich, glaube ich, dass ich diese Frage mit Ja beantworten kann, denn ich arbeite gerne. Aber das Arbeiten ist natürlich noch einmal schöner, wenn man weiß, dass man das nicht nur für sich selbst tut – um einen Porsche zu besitzen und ein Ferienhaus an der Côte d'Azur. Stattdessen arbeitet man für ein größeres Ganzes. Selbst wenn ich alleine wäre, könnte ich mir allerdings kein Haus an der Côte d'Azur leisten – geschweige denn, dass es mich überhaupt dazu drängen würde, eines zu besitzen.

Bei der Frage, ob es ohne Finanzcoop den Laden gäbe, den ich gemeinsam mit zwei anderen Leuten vor mittlerweile mehr als 15 Jahren eröffnet habe, bin ich mir nicht ganz so sicher. Auch meine beiden Kompagnons waren zu Gründungszeiten in einer Finanzcoop, die es mittlerweile allerdings nicht mehr gibt. Weil wir damals alle finanziell in gewissem Umfang abgesichert waren, mussten wir erst einmal kein Geld verdienen. Es waren die Finanzcoops, die unser Projekt mit angetrieben haben – unser eigenes, internes Crowdfunding sozusagen. Vielleicht gäbe es unser Geschäft auch ohne Finanzcoop? Vielleicht mit mehr Schulden? Sehr wahrscheinlich wäre ich auch ohne die FC dort gelandet, wo ich heute bin: selbstbestimmt und ein Stück selbstausgebeutet.

Ich empfinde nicht, dass die Finanzcoop meinen Bezug zur Arbeit großartig verändert hätte. Ich bin ein typischer Protestant. Arbeit hatte immer einen hohen Stellenwert bei uns zu Hause und war grundsätzlich sehr positiv besetzt: Da gab es die Landwirtschaft, die meinem Opa wahnsinnig viel Spaß machte. Mein Vater ging einem Handwerk nach, mit dem er lange Zeit sehr zufrieden war, und auch meine Mutter war berufstätig. Das waren alles keine quälenden Fabrikjobs. Aber unabhängig davon, dass das Tätigsein auch Freude bereitete, war Arbeit eine Selbstverständlichkeit. Sie gehörte zum Leben dazu. Auch wenn dieses Arbeitsverständnis nicht explizit christlich besetzt war, spielte das sicher auch eine Rolle. Es gehörte zum guten Leben dazu, dass man arbeitete.

Noch in der Schulzeit habe ich Zeitungen ausgetragen und stundenweise in einer Schreinerei gearbeitet. Im Anschluss habe ich Zivildienst gemacht, danach bei einem Träger in der alltäglichen Unterstützung für Menschen mit Behinderungen und in der Kindergruppe eines freien Trägers gearbeitet. Dann habe ich den Laden eröffnet, in dem ich auch heute noch arbeite. Von dieser Warte aus betrachtet habe ich eine sehr ungebrochene, wenn auch phasenweise prekäre Arbeitskontinuität. Seit meinem 16. Lebensjahr gab es nie einen längeren Zeitraum, in dem ich keine Arbeit gehabt hätte.

Die Erfahrung einer »Arbeitsmühle« habe ich vermutlich am ehesten in der »individuellen Schwerstbehindertenbetreuung« erlebt – ein Bereich, den man heute als »persönliche Assistenz« bezeichnet. Weil man da Dinge tun musste, die man normalerweise nicht tun will – mal abgesehen davon, dass die Tätigkeit selbst wichtig und total sinnvoll ist –, aber vor allem weil meine Arbeit dort am ehesten fremdbestimmt war. Letztlich hatte ich immer »gute«, mir angenehme Jobs – vielleicht Zufall oder auch nicht –, denn ich habe nie in den Semesterferien einen Fabrikjob oder Ähnliches gemacht. Diese Jobs brauchte ich, weil das BAföG für mein später abgebrochenes Pädagogik-Studium irgendwann eingestellt wurde und ich von meinen Eltern kein Geld wollte. Auch aus dem Gefühl, dass man seinen Lebensunterhalt selbst bestreiten muss, was für mich auch immer gut funktioniert hat. Ich meine mich zu erinnern, dass ich direkt nach dem Auszug bei meinen Eltern kein Geld mehr von ihnen bekam, und es trotzdem immer gereicht hat.

In unserer Gruppe finden wir alle unsere jeweiligen Jobs, die wir machen, vergleichweise gut. Sie sind unterschiedlich gut finanziert, aber es gibt niemanden, der sagen würde, dass Arbeit generell scheiße ist. Klar finden wir alle, dass zu viel Arbeit blöd ist, aber wir alle machen gerne Dinge. Bei Rosine, die ausgestiegen ist, war das ein bisschen anders. Die hatte grundsätzlich ein eher negatives Verhältnis zur Arbeit. Sonst gab und gibt es in der Finanzcoop niemanden, der diese Punkrock-Masche, »Arbeit ist scheiße, Faulheit ist gut«, vertritt und den ganzen Tag im Bett liegt. Auch wenn man theoretisch nichts dagegen hätte, wenn man das mal für einen ganzen Tag machen wollte: Umsetzen tut das letztlich keine*r von uns.

Obwohl uns als FCler*innen ein positiver Bezug zur Arbeit verbindet, wollen wir alle im Grunde nicht in diesem Kapitalismus leben und arbeiten müssen. Das, was die Finanzcoop schafft, ist eine Art Grundeinkommen, das wir für unseren kleinen Kreis aufgebaut haben. Das bedeutet auch, dass niemand von uns zum Amt gehen oder einen beschissenen Job machen muss. Wir alle sind mehr oder weniger selbstständig beschäftigt, mit Ausnahme der beiden Ärztinnen, und das ist etwas Besonderes. Das gibt es nicht so oft, dass Leute aus einem linken Zusammenhang in selbstständigen Jobs sind und davon auch leben können. Meistens haben alle noch irgendwo einen Kackjob, den sie machen müssen, damit der Rest finanziert ist.

Die Situation wäre natürlich anders, wenn drei von uns nicht arbeiten könnten oder das nicht wollten. Wenn wir alle keinen Bock auf Arbeit hätten und nur von Hartz IV leben würden, wäre das schwierig. Schon deswegen, weil man als Hartz-IV-Empfänger*in ein eigenes Konto benötigt. Aber auch, weil man so wenig Geld bekommt, dass da nichts von übrig bleibt. Wahrscheinlich würde unser Modell so nicht funktionieren oder eben nur unter sehr anderen Bedingungen. Wenn eine*r von uns etwas passieren und die Person erwerbsunfähig werden würde, könnten wir das allerdings stemmen. Es gab in der Vergangenheit bereits den Fall, dass eine*r mal unbezahlten Urlaub genommen hat oder eine Weile keinen Job hatte. Wenn jemand die nächsten zehn Jahre gar kein Geld einbrächte, dann wäre das spannend, würde meines Erachtens aber auch funktionieren. Bei zwei Personen, die nicht arbeiten können, wäre es dann schon wieder schwieriger.

Tom Zufrieden unzufrieden

Wie viele andere in meinem Umfeld habe ich mit 13 oder 14 Jahren – so genau weiß ich das nicht mehr – angefangen, mir mein Taschengeld durch kleinere Jobs aufzubessern. Darunter Klassiker wie Zeitung austragen, Regale auffüllen im lokalen Supermarkt, Nachhilfe geben (Mathe) und Ähnliches. Ein bisschen außergewöhnlich war mein späterer Job als Messebauer auf der Messe Frankfurt, denn er spielte sich ausgerechnet auf einer Pelzmesse ab, was sich nur sehr schwer mit meiner sich damals langsam herausbildenden politischen Haltung verbinden ließ. Also eigentlich gar nicht. Nennenswert wäre auch der Job in einem eher angesagen Plattenladen in Frankfurt, für den mich einige beneideten, und bei dem ich ausschließlich in »Naturalien«, sprich Schallplatten, bezahlt wurde.

Erst mit dem Zivildienst bekam ich einen ersten Eindruck, was es heißt, fünf Tage die Woche und täglich acht Stunden zu arbeiten. Was soll ich sagen: Ich war nicht begeistert. Zum Glück konnte ich mich dann in ein Studium der Erziehungswissenschaften flüchten und konnte den damals – also vor Einführung von Bachelor und Master – noch typischen sehr freizügigen Studienalltag und einfach auch ein gutes Leben genießen. Irgendwann kam ein Nebenjob dazu, die Nachmittagsbetreuung von Grundschulkindern. Viel wichtiger für mein weiteres Leben erwies sich aber ein quasi nicht bezahltes Engagement in einem alternativen Kulturzentrum, in dem ich letztendlich mehr Zeit verbrachte als mit dem Studium. Hier trieb mich die Leidenschaft zu Mitarbeit und Engagement, nicht das Geld (oder zumindest sehr wenig davon).

Darum war es wohl auch nicht verwunderlich, dass ich nach Abschluss meines Studiums alles daransetzte, in diesem Bereich weiter aktiv zu sein. Mit Ende des Studiums endete bedauerlicherweise auch die Lebensfinanzierung durch meine Eltern, was mich in die problematische Lage versetzte, nun allein für den eigenen Lebensunterhalt zuständig zu sein. Das gelang mir dann mit einer dem Kulturzentrum zugeordneten BSHG-19-Stelle im Aufgabenbereich Öffentlichkeitsarbeit als Mitherausgeber der Programmzeitschrift. Erst mit dem Ende dieser Stelle und der Entscheidung, nicht weiter als Hauptamtlicher in diesem Kulturzentrum tätig sein zu wollen, setzte ich mich erstmalig mit dem Arbeitsmarkt und meinen Möglichkeiten in ebendiesem auseinander. Am Ende kam eine Festanstellung als Veranstaltungsleiter in einem Kulturzentrum in Kassel heraus, was für drei Jahre gutging. Erst in dieser Zeit kam ich zur Finanzcoop. Meine Entscheidung, diese Festanstellung in den Wind zu schießen und fortan selbstständig unsicher und ungewiss als Booking Agent weiterzumachen, hat sicherlich auch damit zu tun. Mit der Gewissheit, dass ich nun nicht mehr allein dastehe. Ich hatte eine Gruppe von sehr netten und sympathischen Menschen neben und hinter mir. Das hat mir die Entscheidung für die Selbstständigkeit am Ende sehr leicht gemacht.

Nun, knapp zwölf Jahre später, bin ich einerseits ein alter Hase im Musikbusiness, aber alles andere als ein Großverdiener. Eher bin ich weiter auf die monetäre Unterstützung der Finanzcoop angewiesen. Schwierig zu sagen, ob es am Ende der Wille ist, doch irgendwann genug Geld verdienen zu können (mit genau diesem Job), der mich antreibt, jede Woche zwischen 35 und 45 Stunden zu arbeiten, oder das Interesse an der Tätigkeit als solcher? Ist es die damit verbundene Alltagsstruktur, die Sinnstiftung durch Arbeit? Ich denke, es hat von allem etwas.

Dabei bleibe ich immer wieder an der Frage hängen, inwieweit es die von mir selbst empfundene Stellung in der FC beeinflusst, wie viel ich mit meiner Tätigkeit verdiene. Was es genau mit mir macht, dass ich unter Umständen ohne die Finanzcoop dieser Tätigkeit so nicht nachgehen könnte bzw. dass ich ohne die Finanzcoop auf Sachen wie längere Urlaube und anderes verzichten müsste. Fühle ich mich »minderwertig« oder nehme ich meine Tätigkeit so wahr, weil sie nicht mal den gesetzlich festgelegten Mindestlohn für mich einbringt? Bin ich eine finanzielle Belastung für die Finanzcoop? Ist ein solcher Gedanke überhaupt zulässig? Obwohl ich durch die Finanzcoop finanziell abgesichert bin, obwohl ich sehr viel gutes Feedback für meine Arbeit bekomme von Veranstalter*innen und Künstler*innen und obwohl ich mir seit einem Jahr sogar den Luxus einer Angestellten leiste, nagt die Unzufriedenheit an mir, dass ich mich mit meiner Arbeit nur sehr schwer allein finanzieren könnte.

Es sind tatsächlich nicht der Job und die Tätigkeit oder die damit verbundenen zeitlichen Aufwendungen, die mich umtreiben. Am Ende des Tages ist es der unzureichende finanzielle Lohn, der mich beschäftigt. Trotz Finanzcoop.

Norman Komplexität zermürbt Ideologie

»Hallo Vollidiot, ich mache meinen Frieden mit Euch«
Tocotronic

Ein lieber Freund berichtet mir vom Kinoabend mit einer gemeinsamen Freundin. Sie schauten zusammen »Hamburger Gitter – Der G20-Gipfel als ›Schaufenster moderner Polizeiarbeit‹«, einen Dokumentarfilm verschiedener Journalist*innen und Filmemacher*innen, die sich mit dem Polizeieinsatz während des G20-Gipfels in Hamburg 2017 beschäftigen. In weiterführenden Fragen des Abends diskutieren die beiden, was zu tun sei, wenn wir den staatlichen Organen nicht mehr trauen können. Ihre Fragestellung verblüfft mich, aber führt mir letztendlich nur vor Augen, dass ich politisch weitestgehend in einer Autonomenszene sozialisiert bin. Die Frage, ob dem Staat zu trauen ist, war in dieser längst beantwortet und unser Leben erschien uns dementsprechend organisiert. Unser Wohnen (am besten durch Hausbesetzung), Beziehungen (irgendwie offen), unser Umgang mit Geld (solidarisch), politische Mittel (ziviler Ungehorsam, militant flankiert) wurden mit großer Distanz zu und gegen den Staat gewählt. Bezogen auf die Arbeit hatte diese kollektiv, politisch oder zumindest sozial zu sein. Ein Stundenkontingent war außerdem der rein politischen Arbeit zu widmen. Andere Lohnarbeit wurde abgelehnt und nur notfalls durchgeführt. Das Recht auf Faulheit war eine Parole, »Ich will nicht werden, was mein Alter ist« für mich mehr als ein Song, mein Lieblingsshirt bekannte »I didn't go to work today … I don't think I'll go tomorrow«.

Warum trage ich dieses Shirt nicht mehr? Wann habe ich mich in welchen Schritten warum der Lohnarbeit ergeben?

Dabei hat die Finanzcoop so viele Räume aufgemacht, um das alltägliche (Arbeits-)Leben politisch zu gestalten. Mitarbeit im Kneipenkollektiv (5 DM die Stunde), Kulturladen (Aufwandsentschädigung), freies Radio (nüscht), Politgruppenzeit, Aufbau von Café, Bar und Veranstaltungsraum. Die Krux von gleichzeitiger Selbstbestimmung und Selbstausbeutung. Letztendlich eine Kompetenz in jedem Lohnarbeitsverhältnis.

Ein erster deutlicher Bruch zur linken Ökonomie war der Wunsch nach einer Ausbildung: Veranstaltungstechnik. Nach zwei Wochen eines Lagerpraktikums am unteren Hierarchieende ein Bandscheibenvorfall. Die Karriere im eher handwerklichen Bereich damit beendet. Vielleicht konnte ich auch nicht werden, was mein Alter ist. Dann also doch Studium. Sozialer Bereich – klar. Danach was mit Gesellschaftsanalyse – immerhin. Der Diskurs verändert mich. Weniger »Aber«, mehr »Und«. Komplexitätssteigerung zermürbt Ideologie. Oder, wie Kerstin es mal lax formulierte: »Ich hatte mir fast das ›Wenn der Stein die Hand verlässt, beginnt die Freiheit‹-Plakat über das Bett gehangen, aber dann kam Foucault.«

Geld verdiene ich zu dieser Zeit als politischer Bildner auf dem Land. Wir fahren mit Bussen dorthin und ich legitimiere meinen Rückzug aus linken Ökonomiestrukturen mit den Wirkungsweisen unserer partizipativen, diskriminierungskritischen Ansätze. Für politisches Engagement bleibt zwischen Studium und Arbeit wenig Zeit und ich nehme sie mir auch nicht. Stattdessen bastele ich an einer DJ-Karriere. Als die damalige CDU-Familienministerin Schröder 2011 bildungspolitische Vereine dazu zwingen möchte, eine sogenannte Extremistenklausel zu unterschreiben, um weiter gefördert zu werden (wir hatten auch vor der AfD Probleme), und dies bei mehreren Trägern zu hitzigen Debatten führt, fühle ich mich linksradikal wie lange nicht.

Mein Verhältnis zur Arbeit blieb distanziert. Ich interpretiere das Mantra aus dem Herkunftsmilieu »Arbeit ist das halbe Leben« sehr wörtlich und arbeite ungern mehr als eine halbe Stelle. Erst in den letzten Jahren ertappe ich mich in Prozessen der – alle Projekte, Festanstellung, DJ-Sets, Lehraufträge zusammengerechnet – zeitweisen Vollbeschäftigung und dafür gibt es mindestens drei Gründe. Der erste besteht in der narzisstischen Befriedigung, die Arbeit, die mir sinnhaft und bedeutend vorkommt, birgt und ohne die das alles keinen Spaß machen würde. Der zweite liegt im Durchdringen der Arbeit in das schöne Leben. Ich kann mich gut an arbeitsfreie Phasen erinnern, in denen niemand Zeit für den Seeausflug hatte und ertappe mich mittlerweile dabei, geradezu ausschweifend über diesen oder jenen Aspekt meiner verschiedenen Tätigkeiten zu sprechen, wo wir doch eigentlich zum Feiern verabredet waren. Zudem sind die Lebenswünsche in der Coop nicht kleiner geworden und hier fühle ich mich mitverantwortlich. Dabei werden meine Einkünfte nie im Verhältnis zu den Erträgen der Ärztinnen stehen, aber es fühlt sich schlicht gut an, wenn die kleinen Beiträge größer ausfallen. Und es bleibt die Dankbarkeit uns gegenüber, so viele Experimente im Bereich der Arbeit zuzulassen. Wir haben uns weit davon entfernt, der Lohnarbeit aus dem Weg zu gehen. Dennoch empfinde ich eine gewisse Distanz in Gesprächen zu den Arbeitswirkungsfeldern der Einzelnen und in ebendieser kritischen Begleitung liegt eine unserer Kompetenzen.

Gerd

Bildet Banden!

Epilog

»Lehrjahre sind keine Herrenjahre« … Ach fuck, auf mehreren Ebenen ein wirklicher Scheißspruch. Aber eben auch, wie wohl die meisten Sinnsprüche, nicht ganz frei von Wahrheit.

Mein Verhältnis zu Arbeit ist wohl am ehesten durch die Tischlerlehre geprägt worden, die ich, relativ spät, mit zwanzig Jahren begonnen habe. Und in diesen drei Jahren haben sich mir, fast wie aus dem Comic entsprungen, so ziemlich sämtliche Abgründe des sozialen Mit- bzw. Gegeneinanders aufgetan. Nicht, dass ich die Ausbildung grundsätzlich verdammen will … nein, ich halte es nach wie vor für eine gute Idee, ein Handwerk zu lernen, aber es gehört wohl wirklich Glück dazu, einen guten Lehrbetrieb zu erwischen (oder es sollte sich vom Lehrling in spe entsprechend früh darum gekümmert werden … *hüstel*).

Nun, ich hatte weder Glück, noch hab ich mich in irgendeiner Weise vorausschauend um einen »alternativeren« Ausbildungsplatz bemüht, und so war in dieser Zeit wirklich alles dabei: der cholerische Chef, der beim Brüllen eine knallrote Birne kriegt und kleine Schaumbläschen in den Mundwinkeln produziert; der Altgeselle, der spätestens um 10 Uhr morgens in seiner Arbeitsecke beim Bandschleifer zu singen beginnt, weil das dritte Pils ihn endlich auf normale Betriebstemperatur gebracht hat; der »Quoten-Lehrling«, der sich leider an einem seiner ersten Tage einen Patzer erlaubt hat und seitdem zur Zielscheibe für alle geworden ist; »Das muss schneller gehen!«; die *Bild* in achtfacher Ausführung beim Frühstück im Pausenraum; »Achtung, Chef kommt …!«. Also das volle Programm … und ich mittendrin: jenseits von 16, mit langen Haaren und einer eigenen Meinung. Sowas nennt man, glaub ich, kritische Masse.

Also entweder Flucht oder Augen zu und durch … bis heute kann ich nicht sagen, welches von beidem die »bessere« Wahl gewesen wäre. Ich bin froh, die Lehre durchgezogen zu haben, aber es waren mit Abstand die drei beschissensten Jahre meines Lebens. Sich für so lange Zeit zu verstellen, jeden Tag »mit Maske« herumzurennen und sich einem sozialen Gefüge unterzuordnen, das in fast hundertprozentigem Widerspruch zur eigenen Überzeugung steht, geht ziemlich an die Substanz. Aber ich hab sicherlich viel gelernt, handwerklich und menschlich … zumindest war ich mir danach sehr sicher, wie mein zukünftiges Arbeitsleben *nicht* aussehen soll.

Zwischenspiel »Studium«

Nun, wirklich nur ein Zwischenspiel … in der Zeit vor Bachelor und Master für mich eine Form von wiedergewonnener Freiheit und Selbstbestimmung. Nur, dass selbstbestimmtes Lernen von jeher nicht auf der Liste meiner grundlegenden Leidenschaften stand. Auf »Blabla« folgt grundsätzlich »Schnarch« … außerdem: Was soll's? Ich hab doch eine Ausbildung!

Dennoch: Immer wieder interessant, was einem so ein Stück Papier wie das Abitur auch an geistiger Gelassenheit bringen kann. Auch wenn es mit Lebensrealität eigentlich gar nichts zu tun hat …

Aber der rote Teppich ist schon ausgerollt. Für (Auftritt Hauptrolle):

Das KOLLEKTIV!

Seit ca. 16 Jahren arbeite ich jetzt in kollektiven Arbeitsstrukturen und kann es mir auch kaum noch anders vorstellen. Ganz abgesehen davon wäre ich mittlerweile für wohl jeden Arbeitgeber schwer zu ertragen. Nun, vielleicht bin ich manchmal auch für die anderen in meinem Kollektiv schwer zu ertragen, bloß können (und hoffentlich wollen) die mich wenigstens nicht mal eben so rauschmeißen … puh! Aber in so einem Zusammenhang gehört es eben auch dazu, sich selbst zu reflektieren und Kompromisse einzugehen … seine Meinung zu vertreten, wenn einem etwas sehr wichtig ist, aber eben auch zurückzustecken und andere Meinungen zuzulassen. Das ist keinesfalls immer leicht, doch gemeinsam ist einfach so viel mehr möglich.

Natürlich hat das Ganze auch seine Grenzen: Je größer das Kollektiv, je mehr Dickköpfe an einem Tisch sitzen, desto weniger Bewegung ist möglich. Auch das Idealbild von Hierarchiefreiheit ist bei Fluktuation der Kollektivbesetzung nur sehr schwer zu erhalten. Nur zu verständlich haben diejenigen, die schon lange dabei sind, oft wenig Motivation, bestimmte Themen zum gefühlt tausendsten Mal zu diskutieren … aber genau dazu muss mensch in solchen Zusammenhängen eben dann doch bereit sein. Und natürlich können die, die eine längere Erfahrung mit solchen Gruppenprozessen haben, sich in so einer Runde oft besser durchsetzen und haben die schlagkräftigeren Argumente (oder den größeren Hintern zum Aussitzen).

Das ist meiner Meinung nach die größte Herausforderung für alle Kollektive, die langfristig bestehen und beweglich bleiben wollen: nicht zu groß werden und kompromissbereit bleiben. Aber wenn genau das funktioniert, gibt es meiner Meinung nach keine bessere Struktur für einen gemeinsamen und gleichberechtigten Arbeitsplatz.

Nach meinen ersten wegweisenden Erfahrungen in einem anderen Kollektiv beschlossen wir zu fünft selbst einen Laden mit Kollektivstruktur zu gründen. Hierbei war die Finanzcoop von entscheidender Hilfe: Ohne sie hätte ich mich nie getraut, »ins kalte Wasser zu springen«, wäre es nicht möglich gewesen, sich auf den bei einer Existenzgründung oft niedrigen Lohn der Anfangsmonate einzulassen. Aber gemeinsam ist eben mehr möglich, auch wenn es ums Geld geht; die Löhne der anderen können für eine gewisse Zeit den fehlenden Lohn eines Einzelnen auffangen. Auch hier findet sich nichts anderes als die Struktur des »kollektiven« Miteinanders.

Abgesehen vom Finanziellen wäre ich aber auch in allen anderen Punkten nicht in der Lage gewesen, einen Laden alleine zu gründen. Im Falle des Kollektivs verteilen sich sowohl die Sorgen als auch die anstehenden Aufgaben auf mehrere Schultern … ein Pool von fünf Persönlichkeiten bringt neben manchmal fünf verschiedenen Ansichten eben auch viele verschiedene Skills mit sich, die mensch als Einzelperson nicht zur Auswahl hat.

Mittlerweile existiert unser Arbeitskollektiv seit knapp elf Jahren und nach wie vor sind alle dabei. Die Pros und Kontras der Anfangsphase ziehen sich auch durch den Ladenalltag … Kommunikation und Vertrauen sind existenziell. Es muss viel geredet werden und manche Entscheidungen sind nicht »mal eben so« zu treffen. Das kann ganz schön nerven, zweifellos. Aber die Vorteile des gemeinsamen Arbeitens sind in allen Bereichen zu spüren. Wir sind zwar auch einzeln schon ziemlich starke Persönlichkeiten, aber zusammen sind wir ungleich stärker.

Doch wenn mich jemand fragen sollte, was denn das Allerwichtigste fürs Miteinander-Arbeiten ist:

Über die gleichen Witze lachen können … und vor allem über sich selbst.

(Vorhang)

KOLLEKTIV will return in
»Weltherrschaft«

Lebensentwürfe, Kinder & Co.

Branka Die Ballade von der Unzulänglichkeit menschlichen Strebens

»Ja, mach nur einen Plan, sei nur ein großes Licht, und mach dann noch nen zweiten Plan, gehn tun se beide nicht. Denn für dieses Leben ist der Mensch nicht schlecht genug, doch sein höhres Streben ist ein schöner Zug.«

Bertolt Brecht

Konkret hätte ich Schwierigkeiten, die Lebensentwürfe der anderen und vielleicht sogar meinen eigenen Entwurf zu benennen. Was ich eher aufzählen kann, sind Adjektive, die sich vielleicht alle von uns zuschreiben würden. Etwas wie cool, links, solidarisch, unkonventionell … Tatsächlich sind es wirklich die grundsätzlichen Dinge, die zu existenziell kritischem Hinterfragen des Kollektivs führen können. Dabei muss es nicht immer der ganze Lebensentwurf sein. Bestimmte Überzeugungen oder Grundhaltungen reichen völlig. So erinnere ich mich an Monika, die Gründungsmitglied der Finanzcoop war und die nach ungefähr anderthalb Jahren ausgestiegen ist mit der Begründung, dass sie uns andere zu verschwenderisch fand. Sie bemängelte, dass wir das gemeinsame Geld immer ausgäben und es nicht möglich sei, etwas zu sparen. Das hätte man ja noch regeln können, in der Zwischenzeit haben wir das auch, indem wir einen monatlichen Dauerauftrag haben über 800 Euro, der auf unser gemeinsames Sparkonto geht. Aber auch heute noch fände Monika ihre Beobachtung bestätigt, dass wir für ihren Geschmack die Brotaufstrichgläschen oder die Marmeladengläser nicht sorgfältig genug auskratzen. Immer noch denke ich manchmal an diese Episode, wenn ich das mühevolle Kratzen in den Wölbungen des Nutellaglases nach acht bis zehn zunehmend lustlosen und unergiebigen Schabern aufgebe. Würde Monika immer noch nerven.

Wie wäre es weitergegangen, wenn sich Tom damals für eine

Arbeitsstelle in Nürnberg entschieden hätte? Wir hatten eine »Niemand-zieht-südlich-von-FfM-Klausel« besprochen, von der ich allerdings nicht weiß, ob sie ein ernsthafter Konsens geworden ist. Ich glaube nicht. Gerd hat schon ab und an was verlauten lassen, dass es biofamiliäre Sehnsüchte gibt, nach Südeuropa zu ziehen, wie ginge das? Ich war zweimal für je ein halbes Jahr in England, wie wäre es, wenn ich das nächste Mal länger bliebe? Die FC – ein goldener Käfig? Rosine fand es sinnlos und politisch falsch, regelmäßig Geld für die Altersabsicherung aus dem Alltagskonto zu bezahlen. Sie favorisierte für unseren Lebensabend ein freakiges Aussteigerleben in den Pyrenäen und sah uns alle als Ziegenhüter*innen. Ein Entwurf, der vom Bild einer am Pool liegenden, Cocktail schlürfenden Rentnerin konterkariert wurde. Dass dieser Konflikt nur in einem Ausstieg von Rosine enden konnte, zeigt wie unüberbrückbar die Lebensentwürfe an dieser Stelle waren.

Wie schmerzhaft war es auch für mich, wenn sich enge Freundinnen in Paarbeziehungen verkrochen oder in Familie abtauchten. »*Never*!« hab ich gedacht und: »Wenn überhaupt Kinder, dann frühestens mit dreißig.« Ein wahr gewordener Vorsatz. Mir ist ernsthaft nahegegangen, dass es Norman einen Stich versetzte, als ich bei einem FC-Treffen sagte, ich sei schwanger. Ich habe ihn so gut verstanden, es kann sich ein bisschen anfühlen, wie verlassen zu werden, wenn ein Freund oder eine Freundin plötzlich ein Kind erwartet. Ich habe noch die unscharfe Erinnerung, ihm – bis zu den Knien in einem kühlen, dunkelgrünen ostdeutschen See stehend – versprochen zu haben, kein zweites Kind zu bekommen. (Nein, miss anthrop, du wunderbares, über alles geliebtes Kind, das war nicht der alleinige Grund, warum du die von dir in einer Phase dringend gewünschte kleine Schwester nie bekommen hast.) Zora gegenüber hatte ich ein schlechtes Gewissen, dass ausgerechnet ich ambivalentes Ding in puncto Kinderkriegen dann vor ihr, die einen so klaren Kinderwunsch hatte, Mama wurde. Herzenswünsche und Ziele sind die eine Sache, was dann klappt oder nicht, hat mensch eben nicht in der Hand.

Als Kind wünschte ich mir auch eine Zeit lang vergeblich ein kleineres Geschwister. Und was habe ich mir als Kind vorgestellt über mein zukünftiges Leben? Bedienung wollte ich als Erstes werden, so mit vier oder fünf, in einem edlen Restaurant. Oder auch Bäuerin. Später habe ich mir oft vorgestellt, ich würde ganz allein in einer Hütte wohnen, ganz bescheiden mit Subsistenzwirtschaft und in Einklang mit der Natur. Diese Vorstellung ging später über in ein Bild von einer Burg am Meer, in der ich mit all meinen Freund*innen wohnen würde. Erst ein bisschen wie die kleine Hexe und dann vielleicht ein bisschen wie die rote Zora.

Auch ich habe mich zwei Jahre lang mit einigen Leuten regelmäßig getroffen, um ein Wohnprojekt zu gründen. Das ist allerdings nichts geworden bzw. hat sich aus einem kleinen Teil der Ursprungsgruppe und einigen anderen Leuten ein schönes, anderes Wohnprojekt entwickelt, während meines nichts geworden ist.

Vielleicht ist daher in der Zwischenzeit bei mir der Wunsch gereift, ein gemeinsames Haus mit und für die FC zu kaufen. Nicht gerade am Meer, sondern eher eines, das ungefähr in der geografischen Mitte unserer aktuellen Lebensmittelpunkte liegt und am liebsten an einem See. Als Ersatz für mein sich in Auflösung befindliches Elternhaus und als gut erreichbarer Treffensort für die Wochenenden für uns und auch für andere Freund*innen und Genoss*innen. Das ist mein aktueller Traum, der bis jetzt allerdings leider auf wenig Gegenliebe stößt in der FC. *We will see.*

Ein gutes Leben leben zu wollen, dies für alle Menschen zu wünschen und auch auf die jeweilige Art zu versuchen, das ein Stück weit zu erkämpfen, die Welt im besten Falle ein bisschen besser zu machen, aber auf keinen Fall schlechter, das würde ich uns allen bescheinigen. Ein gutes Leben zu haben bedeutet, für andere eher als für mich, ab und an Fernreisen zu machen. Und diese Wünsche zu äußern ist bestimmt manchmal nicht ganz leicht in der Gruppe. Aber selbst Jahr für Jahr keine Fernreise gemacht zu haben fällt mir in der Gruppe möglicherweise auch dadurch schwerer, dass das Geld, das ich verdient habe, nicht zuletzt auch für die Fernreisen anderer Leute ausgegeben worden ist. »Ja, du machst ja keine Fernreisen, aber du willst ja dauernd deine arschteuren bourgeoisen Designermöbel«, spricht da eine Fantasiestimme in meinem Kopf. Stimmt. Aber manchmal kommt es mir dennoch so vor, als sei die FC auch ein Perpetuum mobile der Bedürfnisgenerierung und -befriedigung. Denn wenn du nach Mexiko fliegst oder nach Ruanda, dann will ich, die das im Leben nicht machen will, wenigstens ein schwedisches Designer-Sideboard haben. Hauptsache, eine*r kommt nicht zu kurz. Manchmal frage ich mich, ob ich ohne FC besser verzichten könnte und dem Ideal der enthaltsamen Person, die im Einklang mit der Natur lebt, vielleicht näherkäme. Und hat denn die Bedürfnismaschine wirklich noch etwas zu tun mit dem »Her mit dem schönen Leben für alle«? Aber *who knows*, vielleicht wäre ich auch ohne FC schon längst in einer Schöner-Wohnen-Idyhölle verspießert und verschimmelt … und mein Bezugsrahmen wären dann vielleicht Kolleginnen mit ihren schicken Volker-Lang-Handtaschen. Ach, da fällt mir wieder das Liedchen ein, das ich oft auf dem Fahrrad summe, seitdem ich an diesem Text schreibe:

> »Ja, renn nur nach dem Glück, doch renne nicht zu sehr. Denn alle rennen nach dem Glück, das Glück rennt hinterher. Denn für dieses Leben ist der Mensch nicht anspruchslos genug, drum ist all sein Streben nur ein Selbstbetrug.«
>
> Bertolt Brecht

Tom Unterwegs in Untiefen

Manchmal, wenn sich das Leben eher nach Mühle, nach Hamsterrad und dem täglichen Murmeltier anfühlt, frage ich mich, wo ich eigentlich hinwill? Was sind meine Ziele? Was waren mal meine Ziele? Wie viel Zeit verbringe ich damit, mich mit diesen Zielen auseinanderzusetzen oder diesen gar näherzukommen? Was ist mein Lebensentwurf?

Dann überfällt mich doch der irrationale Gedanke: Sinnstiftung durch eigene Kinder? Mir ist bewusst, dass das eigentlich Quatsch ist und mich viele Eltern um die vielen Freiheiten beneiden, die ich weiterhin habe. Trotzdem taucht er immer mal wieder auf dieser Gedanke. Vielleicht weil ich ein starkes Bedürfnis nach einem alltäglichen sozialen Zusammenhang habe, den eine Wohngemeinschaft nur temporär befriedigen kann, aber eine Paarbeziehung mit Kind durchaus.

Lange Zeit wollte ich keine Kinder, hatte Angst vor der Verantwortung und den monetären Zwängen. Mir erschien das Thema einfach viel zu groß, war es doch schon anspruchsvoll genug, eine Zweierbeziehung über einen längeren Zeitraum aufrechtzuerhalten – innovativere Paarbeziehungskonzepte nicht nur gut zu finden, sondern auch zu leben, war lange nicht meines, ist es, ehrlich gesagt, heute auch nicht so wirklich. Als die Voreingenommenheit dann irgendwann aufbrach, war es leider der falsche Zeitpunkt. Irgendwie platzte ich dann dankenswerterweise in eine Kleinfamilie mit drei Kindern, in der ich nicht nur Liebespartner, sondern gleich auch mindestens sozialer Vater sein sollte. Mitstreiter in einer dann fünfköpfigen Gang durch die Untiefen des Alltags. Ich war mächtig überfordert. Mit der Familie und den damit verbundenen Erwartungen, Ansprüchen und Wünschen auf beiden Seiten. Als dritte Seite die Financoop-Familie. Plötzlich saß ich zwischen zwei Stühlen. Beides ließ sich nicht wirklich gut vereinen. Mein FC-Dasein bekam Risse aufgrund der so gefühlten

Unvereinbarkeit von beidem. Kurz war er da, der Gedanke, der FC den Rücken zu kehren, um so dieses Problem zu lösen. Scheitern als Problemlösung. Fühlte sich damals schon schlecht an und wäre es auch gewesen. Am Ende einiger anstrengender, aber auch bereichernder Diskussionen bin ich in der FC geblieben. Die Beziehung ging in die Brüche. Im Rückblick alles richtig gemacht.

Die Kinder der anderen in der Finanzcoop habe ich erst mal als unspektakulär zur Kenntnis genommen. Sie waren dann einfach da, als eine Lebenskonsequenz, die ja nun einmal auch vor Kleingruppen wie einer FC nicht haltmacht. Für den Alltag unserer Treffen war es aber dann bald schon eine einschneidende Veränderung, da die vier Kleinen daran ebenfalls teilnahmen und das bisherige Treffenskonzept (tagsüber viel reden, abends unter Umständen zusammen ausgehen) weitestgehend über den Haufen warfen. Kinder halt :-).

Mein Lebensentwurf bestach lange damit, dass ich einfach keinen hatte. Schon das Abitur machte ich eher aus der Verlegenheit, so gar keine Ahnung zu haben, was ich denn sonst hätte tun sollen. Konsequenterweise schloss sich ein Studium an, ohne auch hier das Gefühl zu haben, auf ein konkretes Ziel zuzusteuern. Dann der Bruch in meinem Leben mit dem Ende des Studierens. Konkreter mit dem Ende der Tätigkeit im Kulturzentrum und dem Beginn der Veranstaltungsleiterstelle in Kassel. Ich würde mal sagen, ich bin da so reingerutscht. Nahezu zeitgleich auch in die Finanzcoop.

Der nächste Bruch, weg von der Festanstellung hin zur Selbstständigkeit, war zumindest in meinem persönlichen Rückblick kein großes Thema für die Finanzcoop. Wenngleich diese Entscheidung ja durchaus größere finanzielle Auswirkungen auf sie hatte. Mein Bedürfnis nach dieser Veränderung, die in der Anfangsphase durchaus etwas davon hatte, mir einen Traum zu verwirklichen, wurde als solches akzeptiert und unterstützt. Erst nach knapp zehn Jahren kamen nachdenkliche Fragen auf, ob das denn bei den leider weiterhin eher geringen Einnahmen für mich und die Finanzcoop der richtige Lebensentwurf sei. Ob es mich befriedige, für Unter-Mindestlohn zu arbeiten, ob dies für die Finanzcoop längerfristig tragbar sei.

Gerade habe ich meinen Lebensalltag aus einer Kleinstadt nach Berlin verlegt und den Wunsch, gerne auf dem Land leben zu wollen, hintangestellt. Dabei bin ich sehr gespannt, wie ich mich im Spannungsfeld von selbstständiger Arbeit, Partnerschaft und Wohnort weiterbewege. Bleibe ich längerfristig in der großen Stadt oder ist das nur eine Lebensphase? Ändere ich doch noch einmal meinen Arbeitsalltag oder werde ich nur einfach (finanziell) erfolgreicher in dem, was ich eh schon mache? Ist das Thema Kinder (müssen ja nicht die eigenen sein) schon durch oder lande ich unter Umständen doch noch mal in einer Kleinfamilie?

Wo ist da jetzt sowas wie ein Lebensentwurf? Ich denke, der Begriff ist mir im Moment zu groß. Zu gewollt ungewiss verläuft mein Leben gerade. Spielball als Konzept? Ich entwerfe und strukturiere meinen Lebensalltag. Gerne auch mal weit im Voraus, da ich gerne reise und das oft einer gewissen Planung bedarf. Unterwegs sein, ungebunden und selbstständig als Lebensentwurf? Eher nein, es gibt da ein großes Bedürfnis nach Verbindlichkeit und durchaus immer mal wieder den Wunsch nach einem Angestelltenverhältnis mit geregeltem Einkommen.

Die Finanzcoop ist mir da ein ständiger wichtiger Begleiter. Ein Regulativ oder auch der Spiegel, der einem vorgehalten wird. Eine konstruktive Diskussionsrunde mit wohlwollenden Kritiker*innen. Eine wohltuende Diversität, die den Rücken stärkt. Eine gute Möglichkeit, die eigenen Bedürfnisse bzw. Lebensentwürfe zu hinterfragen. Oder sie begründen zu können/zu müssen, weil man sich für ihre Umsetzung stark macht.

Die Entscheidung, wo und wie ich lebe, mit wem (und ob mit Kindern), hat kleinere oder größere Auswirkungen auf unsere Gruppe und ihre Finanzen. Trotzdem fühle ich dieselbe Freiheit wie alle anderen Mitglieder, dabei nach den eigenen Wünschen und Bedürfnissen entscheiden zu können und zu dürfen.

Postskriptum: Vor nicht allzu langer Zeit flirtete ich auf einer Konferenz (Musikbusiness) mit einer Frau aus Paris. Auch wenn es zu diesem Zeitpunkt nur ein sehr nettes gemeinsames Biertrinken war, hing ich kurz bei dem Gedanken, was es für uns (die Finanzcoop) bedeuten würde, wenn aus diesem harmlosen Flirt etwas Konkreteres entstehen sollte. Wäre es für den Alltag der Finanzcoop tragbar, wenn mein Lebensentwurf auf einmal vorsähe, aufgrund einer Partnerschaft das Land zu verlassen? Welche Reaktionen würde ich hervorrufen und welche Konsequenzen hätte das?

Zora *Go with the flow*

Prolog

Es waren einmal ein paar FC-Füchse, die hatten eine gute Zeit in ihrem roten Holzhaus im beschaulichen Studistädtchen … und wenn sie nicht gestorben sind, dann leben sie da noch heute … aber das Leben ging ja: weiter.

Erster Akt (sinnierender Monolog)

Ich *wollte immer* in größeren Gruppen leben und das habe ich auch. Verbindlich, verbunden, links, lustig, queer, undogmatisch. Da gab es die WG, enge Freund*innenschaften, die Finanzcoop und die Politgruppe samt der dazugehörigen Szene. Die Lohnarbeit natürlich auch, aber nicht an allervorderster Stelle. Dafür verwende ich mal das Wort »Lebensentwurf«, obwohl es sich so theoretisch anhört.

Dann Auftritt: Die neue Liebe (Lux). Dann: Kinderwunsch, let's go, die biologische Uhr tickt schon laut. Dann: Das Hausprojekt (zu Beginn der Schwangerschaft). Ein Beinahe-fast-Gelingen desselbigen, dann: Scheitern. Tiefes Loch. Cliffhanger.

Zweiter Akt: Das Kind wird geboren (Rider)

Erst in beiden Wohngemeinschaften hin und her. Dann bröckelt Lux' WG und wir wohnen alle drei in meiner WG, zu acht plus Katze. Dann wird es in meiner WG-Konstellation zunehmend kinderuntauglich, zu eng, und auch psychodynamisch schwierig. Alle anderen haben vielfältige oder unterschiedliche Prioritäten und außerdem alle Zeit der Welt, ein Traumhaus weiter in aller Ruhe zu suchen oder darauf zu warten, dass es schon ankommt. Aber das neue Dreier-Wir braucht dringend Veränderung: mehr Platz, weniger »Kein-Bock-auf-Kind«-Psycho. Und so kommt es zu dem, was ich nie wollte:

Dritter Akt: Hauskauf samt Leben in Kleinfamilie

Alles aus inneren Logiken heraus, die ihre Berechtigungen haben. Und trotzdem ist das natürlich meilenweit von meinem ursprünglichen Lebensentwurf entfernt. Und ein Dilemma. Denn sowohl in einer Liebesbeziehung zu leben, als auch ein Kind zu haben, ist etwas, was ich *auch immer wollte.*

Vierter Akt und weitere Akte

Noch im Werden

Epilog: Und die Finanzcoop???

Vor mir hatten andere ja schon angefangen mit dem Kinderkriegen. Ich war die Dritte. Kind eins kam einfach, ohne dass darüber vorab eine Gruppenentscheidung getroffen worden wäre – das wäre auch nicht mit dem Gruppenleben vereinbar, denke ich, so etwas mit Mitte zwanzig festzulegen, ob und, wenn ja, wer und wie viele Kinder in der Coop kriegen darf. Kinder als »Bedrohung der Finanzcoop« – dieses Szenario war zum Glück schon entschärft worden im Laufe der acht Jahre zuvor. Wenn auch gerade in den Urlauben der Zeitanteil, den kleine Kinder da von der Gesamtgruppe abverlangen, manchmal erschreckend groß ist. Und die Mischung aus Genervtheit, Müdigkeit sowie einer »Es-müsste-doch-anders-gehen«-Ambivalenz manchmal explosiv ist.

Aber für mich bringen die Kinder neben ihren jeweiligen wunderbaren Einzigartigkeiten auch für die Nicht-Eltern ein Gemeinsam-gelassener-Werden in die Gesamtgruppe. Sie fordern uns alle heraus zu dem, was mensch als Eltern (spätestens) ja lernen muss: sich dem Leben fügen, *go with the flow*, von Planbarkeiten ein Stück Abschied nehmen.

Die Lebensentwürfe der Einzelnen haben sich natürlich über die Jahre auseinander entwickelt entlang Achsen wie »Kinder – ja/nein«, »In Gruppe/WG/Liebesbeziehung lebend«, »Politische Aktivität als zentraler Punkt im Leben«, »Karriere« … Aber es existiert, denke ich, doch eine grundlegende Übereinkunft, dass soziales und politisches (Bewusst-)Sein, Spaß, Berge, Bäume und Bücher … zum guten Leben dazugehören – in verschiedener Dosis.

Bedrohlich für die Finanzcoop wäre eher ein Auslagern von einzelnen Paar-/Kleinfamilienentscheidungen aus dem FC-Rahmen heraus. Oder eine »Entweder-FC-oder-Liebesbeziehung«-Situation. Der gemeinsame Hauskauf von mir und Lux vor vier Jahren hätte solch ein explosives Thema werden können. Ich weiß gar nicht richtig, wieso es dann in unseren FC-Diskussionen das tatsächlich nicht war. Hatte ich diese Option zu dem Zeitpunkt als alternativlos »verkauft«? War die Entscheidung dafür leicht gefällt, weil es in finanzieller Hinsicht so relativ einfach war, die Kreditbedingungen so günstig, alle Dollarzeichen in den Augen hatten? Waren alle so genervt von meinem Gejammer vorher, dass sie das einfach durchgewunken haben?

Ich frage mich gelegentlich, was Entscheidungen wären, die wir nicht mittragen könnten: in eine Sekte gehen, nach Übersee auswandern sicherlich, aber sonst? So etwas wie: einen Job in der Parteienpolitik annehmen? Eine teure Privatschule fürs Kind? Mir fällt nichts ein, was halbwegs realistisch wäre, das wir uns nicht doch irgendwie untereinander erklären könnten und wofür man im Gespräch Verständnis herstellen könnte.

Norman Das eigene Niemals herausfordern

Bedürfnisse, Lebensentwürfe, das schöne Leben. Damit setzen wir uns auseinander, hören uns zu, nehmen zur Kenntnis. Manchmal kritisch, selten im Konflikt. Das passiert gelegentlich, nur, wenn wir zusammen Dinge unternehmen wollen. Betrachten wir die Leben der anderen im Alltäglichen freundlich, ohne unbedingt mit ihnen tauschen zu wollen, müssen bei gemeinsamen Aktivitäten unterschiedliche Perspektiven zusammengesetzt werden.

Ein Beispiel: Während eines Finanzcoop-Wochenendes gehen wir zusammen ins Kino. Der Vorraum ist voll, laut und stickig. Es gibt eine lange Warteschlange, die Situation ist unübersichtlich, aber es zeichnet sich ab, dass es zu wenig Karten gibt. Eine von uns ergattert vier Karten, wir sind sieben, aber es gelingt allen, in den Kinosaal zu kommen. Wir finden Sitzplätze und manche von uns haben nicht mitbekommen, dass sie keine Karten haben. Das macht sie zu Ahnungslosen, als das Kinopersonal hereinkommt und verlangt, dass alle ihre Karten vorzeigen, da vor der Tür noch Wartende stehen für die es ganz offensichtlich keinen Platz mehr gibt. Einige von uns sind sehr geschickt, die Karte unbemerkt nach dem Vorzeigen weiterzureichen. Die Ahnungslosen nehmen sie verständnislos und unschuldig. Wir bleiben sitzen. Am Ende der Vorstellung können wir uns weder über den Gehalt des Films noch, nach Erklärung für alle, über den Umgang mit den Karten einigen. Für manche ist es eine angenehme kriminelle Energie, die sich spontan ergeben hat, aber in Anbetracht des kapitalistischen Kinogewerbes nicht revidiert werden muss. Und für andere ein Ausnutzen des überforderten Kinopersonals und eine Missachtung des Kunstbetriebs. Uns wird bewusst, wie unterschiedlich unsere Einschätzungen zur Illegalität sind, ohne dass eine Position aufgegeben werden muss. Bei anderen Themen ist das schwieriger. Wie verbringen wir unseren gemeinsamen Urlaub?

In dieser Debatte kommt es mitunter zu exzentrischen Ausfällen mit verschleuderten Vetos. »Niemals fahre ich dahin« (Mecklenburgische Seenplatte), »Niemals fahre ich in dieser Ferienwoche« (Überschneidungen mit Arbeitsleben und Urlaubsplänen mit Lebenspartnerin und Kind), »Niemals fahre ich über dieses Wochenende« (Festivalpläne). »Niemals fliegen wir« (Klimadebatte). Neben sozialisierten Marotten – Herkunft vergeht nicht –, die bei diesem familiär geprägten Thema unverhofft, aber deutlich aufbrechen, wird auch klar, wie unterschiedlich unsere Lebenspläne bebaut sind.

Für mich und meine Vorstellung eines Lebenspartner*innenabschnittskonzepts fühlte sich der von einigen FC-Mitgliedern geäußerte Wunsch nach Kindern lange Jahre als größte Bedrohung an. Ich verband damit, *intrapersonell* schlüssig begründet, die Unterstellung, dass dies nur den Weg in die Kleinfamilie bedeuten könne und den Abschied von kollektiven Strukturen (also Coop) und dem schönen Leben (also meinem). Den Aspekt der narzisstischen Kränkung behandelnd blieb die Erfahrung, dass Menschen aus meinem Leben, zumindest für eine Zeit, verschwanden oder ich sie verschwinden ließ. Coop ging weiter und es gelang uns, die verschiedenen Entwürfe in das Netz einzuweben. Meine Unterstellung erfüllte sich in keinem Fall. Stattdessen empfinde ich es als eine Bereicherung, die großen Menschen und die kleinen, die auch bald zu den Großen gehören, zu erleben und fühle mich diesen gegenüber als Teil des Netzes verantwortlich. Das bedeutet nicht, dass mich diese Entwürfe nicht herausfordern können – »Ihr wollt zu dritt ein Haus auf dem Land kaufen, wirklich?!?«. Aber was ist nach zwanzig Jahren Finanzcoop am Ende mehr dazu zu sagen?

Für das Dazwischenfragen gibt es Raum, aber es gäbe uns schon lange nicht mehr, wenn wir die Entwürfe grundlegend in Frage stellen würden. Es bedarf dennoch manchmal der Einwürfe. Wenn in einer Diskussion plötzlich Familienkonzept über Freundschaftsnetz steht oder wenn jemand im patriarchalen Denkmuster darüber sinniert, keine eigene Familie ernähren zu können. Diese Hinweise werden meist dankend in das Denken eingebaut, denn wir teilen ein Verständnis darüber, auf den gesellschaftlichen Machtachsen überwiegend privilegiert positioniert zu sein. Wo wir das nicht sind, zum Beispiel auf Grund unserer sexuellen Identität, unserer Klassenherkunft oder unseres Geschlechts, erfahren wir solidarische, emphatische und mitunter kämpferische Unterstützung. Empowerment.

Gerd Auch mal Lakritz und Kümmel aushalten können

Mein Kind ist dein Hund ist dein Motorrad ist deine Weltreise … Und … *bämm* … schon sind wir mittendrin in einer der schwierigsten Diskussionen ever. »Du kannst doch nicht mein Kind mit deinem Motorrad vergleichen!« Nee, kann mensch nicht. Naja, irgendwie dann aber doch schon … aber je nachdem, von welcher emotionalen Ebene an das Thema rangegangen wird, ist das eine ganz schön kniffelige Sache.

Jede Entscheidung hat in unterschiedlichem Maße immer Auswirkungen auf das soziale Gefüge, in dem jede*r Einzelne von uns sich bewegt. Ist das Gefüge nicht so eng oder betrifft einen die Entscheidung nur allein (was seltenst der Fall ist), sind die Auswirkungen natürlich auch nicht so gewaltig. Geht es allerdings um »Lebensentwürfe«, sind eventuelle Kollateralschäden automatisch mit vorprogrammiert. Gibt es hier nicht ein Mindestmaß an Gemeinsamkeiten oder zumindest Verständnis, ist ein enges Miteinander nicht möglich. Und hier zeigt sich auch die Brisanz, die dieses Feld für unseren Mikrokosmos »Finanzcoop« hat.

Wir teilen unser Geld, wir finanzieren uns gegenseitig und damit finanzieren wir auch unsere jeweiligen Lebensentwürfe. Aber wie soll das funktionieren, wenn ebendiese zu weit auseinanderliegen? Vielleicht sogar absolut gegensätzlich sind und kein Verständnis für die Bedürfnisse des Gegenübers vorhanden ist? Gar nicht. Spätestens hier zeigt sich, wie wichtig es für Kollektive ist, dass alle eine Grundbereitschaft zum Kompromiss mitbringen. Und je länger es uns gibt, je besser wir uns kennen, umso mehr Verständnis können wir gegenseitig füreinander aufbringen. Weil wir so viel besser nachvollziehen können, warum bestimmte Entscheidungen getroffen werden, auch wenn sie nicht deckungsgleich mit unserer eigenen Einstellung sind.

Aber natürlich hat jede*r von uns ihre*seine Grenzen, die absolut nicht überschritten werden können. Das ist ein unausgesprochener Grundkonsens, über den sich alle einig sind. Wird an dem gekratzt, wird es allerdings brenzlig. An diesem Punkt sind wir bisher eigentlich erst zweimal gelandet, denke ich. Die Themen »Kinder« und »Flugreisen« haben an unseren Grundfesten gerüttelt. Klingt jetzt erst mal nicht beides gleich dramatisch, war es aber. Während die »Kinder« sich nach und nach aus der Brisanz geschlichen haben (es kamen nach und nach einfach immer mehr in die Coop), bedurfte es beim Thema »Flugreisen« Hilfe von außen, um eine Lösung zu finden. Wir haben dazu mittlerweile ein Werkzeug gefunden, das uns ermöglicht, trotz unterschiedlicher Einstellungen als Gruppe gut damit umgehen zu können. Hierbei ist die Form dieses Werkzeugs gar nicht so wichtig, aber es hat uns in diesem Zusammenhang sehr gutgetan, dass wir alle die Offenheit für eine Begleitung durch eine außenstehende Person mitbrachten.

Das Mittragen des Lebensentwurfs »Ich will Kinder«, der die Gesellschaft ja mindestens so radikal spaltet wie der Genuss von Kümmel oder Lakritz, ist gefühlt am ehesten durch Altersmilde zustande gekommen. Ist schon in jüngeren Jahren sehr bewusst die Entscheidung gefallen, keine Kinder haben zu wollen, ist es doch extrem schwer, etwas Gegensätzliches bei anderen mitzutragen oder gar durch das eigene Leben und Arbeiten mit zu unterstützen.

Im Rückblick denke ich, dass wir als Gruppe kurz vor und nach der Geburt des ersten Coop-Kindes sehr knapp an einem Ausstiegsszenario vorbeigeschrammt sind. Diese Ablehnung hat sich dann aber erst in Akzeptanz und dann, von Kind zu Kind, in Verständnis verwandelt. Heute ist der ehemals größte Kritiker des Modells aus meiner Sicht liebender Vater unseres Coop-Hundes und liebe- und verständnisvoll im Umgang mit unseren Kindern.

Jan Exkurs »Punktesystem«

Fernreisen waren immer ein Thema. Jedes Mal, wenn eine Person eine Fernreise machen wollte, wurde darüber diskutiert. Was soll das? Warum muss man so weit wegfliegen? Das fand sowohl die Seite blöd, die das immer infrage stellte, als auch die Seite, die sich immer infrage gestellt sah. Und deshalb haben wir in Göttingen eine Mediation gemacht, in deren Verlauf der Mediator ein Punktesystem anregte. Das funktioniert so, dass jede*r zwei Jahre lang fünf Punkte hat, die er*sie verfliegen darf, wobei man diese Punkte über zwei Perioden hinweg sammeln kann, also während eines Zeitraums von vier Jahren. Wenn man möchte, kann man seine Flugpunkte auch verschenken. In unserem System kosten Kurzflüge weniger Punkte als Langstreckenflüge. Natürlich sind Kurzflüge vom Umweltaspekt her eigentlich viel blödsinniger, aber wir hatten uns damals entschlossen, dass wir eher Langstreckenflüge einschränken wollen. So kostet ein innereuropäischer Flug (plus Israel) einen Punkt hin und einen Punkt zurück. Außereuropäisch fallen anderthalb Punkte pro Flug an. Man kann also je nachdem zwei- bis dreimal in der Periode fliegen. Das schränkt zwar ein, aber es gibt doch eine Möglichkeit für Flugreisen.

Dieses System bedeutet im Endeffekt, dass wir nie wieder darüber reden müssen, weil damals alle damit einverstanden waren und alle damit zurechtkommen. Diese Flugpunkte kommen im Grunde der Einführung einer neuen Währung gleich, einer Flugwährung. Flugpunkte werden, wie auch alle Angaben zur Finanzplanung der nächsten Monate, in der sogenannten »Kohlerunde« (siehe Anhang) erfasst und im Computer in einer Tabelle festgehalten. Bislang ist es noch nie so gewesen, dass Punktearmut entstanden wäre.

Das Punktesystem schafft ein Bewusstsein und es ist aber auch schön zu sehen, dass die Punkte reichen. Weil man das Gefühl hat, man beschneidet sich gar nicht so. Es verändert die Diskussion hin zu einem »Ich habe etwas«, weg von einem »Du darfst nicht«. Wir wollten weder das Gefühl haben, man dürfe nicht reisen, noch immer sagen müssen: »Ich find das blöd«. Und dieser Konflikt hat sich durch dieses System zum großen Teil gelöst. Es hat nicht dafür gesorgt, dass keiner mehr fliegt. Die Punkte werden zum Teil auch komplett ausgenutzt, aber eben nicht immer.

Kerstin Richtig leben

Einen frühen Versuch eines Lebensentwurfs artikulierte ich gemäß meiner Erinnerung etwa im Alter von acht, neun Jahren. Ich zeichnete mich in einem großen Haus mit Garten und vielen Haus- und Nutztieren und – Überraschung – mit einem »Mann« und gleich mit einigen Kindern. Vielleicht handelte es sich bei Letzteren auch um meine nie vorhandenen Brüder und Schwestern. Identitätspsychologisch wichtige Doppelrollen sind ja in solchen Frühwerken, trotz ihrer sichtbar geprägten Heteronormativität, nicht ausgeschlossen. Ich glaube, dieses Bild, das es in verschiedenen Varianten in dieser Entwicklungsphase gab, war inspiriert von Kinderfilmen und -büchern, denn zu diesem Bild gab es keine reale Entsprechung oder Erfahrung. Menschen, die ich kannte, die in Häusern mit Gärten lebten oder sogar Tiere hatten, waren nie glücklichere Menschen als die, die das nicht hatten und von denen ich viel mehr kannte und zu denen ich auch selbst gehörte. Wenn ich dazu nehme, dass das Bewusstsein für ein eigenständiges Leben abseits des Kindseins in einer Zeit einsetzte, in der es das Land, in dem ich aufgewachsen war, nicht mehr gab und sich dazu meine Eltern trennten, wirkt es auf eine beruhigende Weise oder wie eine Versicherung: In der Fantasie des Kindes läuft alles soweit »ganz normal«.

Ich bin zu einem Zeitpunkt in die Finanzcoop eingestiegen, als die Themen Lebensführungen, Lebensentwürfe und auch Kinder bekommen gerade sehr viral wurden. 2005 hatte noch niemand Kinder, allerdings Patenkinder, nahezu alle FC-Mitglieder wohnten in Wohn- oder Hausgemeinschaften, pflegten das intensive Leben von höchstens Frühdreißigern. Wir begannen, über das richtige Leben im falschen auf einer konkreten Ebene zu streiten. Wir mussten es plötzlich auf einer ernsthaften Ebene, einhergehend mit Momenten ungläubigen Staunens: Du willst Kinder? Du willst in eine Rentenkasse einzahlen? Du willst Sicherheiten? Was, bitteschön, soll dieser Scheiß? Die Diskussionen wurden mal hochemotional, mal sehr um Verständnis bemüht geführt. Gelegentlich entstand der Eindruck, Einzelne fühlten sich bedroht von Lebensentwürfen und Ideen anderer. Die Auseinandersetzung mit dem Umstand, sich für eine alternative Lebensführung (ich lasse das mal so allgemein) entschieden zu haben, musste plötzlich argumentativ innerhalb der Finanzcoop geführt werden – eine der Gruppen, in die wir uns (aus weitgehend normativ-prägenden Herkunftsfamilien kommend) als eine alternative Familie »geflüchtet« hatten und wo wir uns sicher wähnten. Die Norm brach mit all ihren damit verbundenen

Konflikten in die als sicher geglaubten Räume ein. Wir haben wenig so intensiv diskutiert wie die damit verbundenen Ängste und Ärgernisse, Vorwürfe und Klischees, Ungerechtigkeiten und Verletzungen. Wir waren gemein zueinander und blieben stur, haben im Zusammenhang mit diesen Auseinandersetzungen ein Mitglied verloren – obwohl es dabei auch um andere Beweggründe gegangen sein mag.

Es scheint vielleicht nicht nachvollziehbar: Wir wohnen ja nicht mal zusammen, warum gibt es ein Problem, wenn ein FC-Mitglied gern ein Kind bekommen möchte?

Warum diese Dynamik mitunter so heftig geriet, hat in meinen Augen vom jetzigen Standpunkt aus andere Gründe. Wir wollten uns als die Menschen auf dem Höhepunkt ihrer linken Selbstüberschätzung – Wir können doch die Welt verändern! – nicht verlieren. Dass unsere kleinen Alltagsrevolutionen nichts mit Hintern abwischen und Brei kochen zu tun haben, war vorher nicht absehbar. Es brauchte vielleicht keine Debatte, ob es cooler ist, einen Partykater zu haben oder platt zu sein von mit kranken Kleinkindern durchwachten Nächten. Am Ende halfen uns Gelassenheit und die Transparenz, die Fähigkeit, über Gefühle sprechen zu können und auch die Vernunft – nicht die pure, aber die, die an ein Leben glaubt, in dem mehr Platz ist als nur für einen Entwurf.

Wir sehen in uns selbst als Eltern und Nicht-Eltern, ob gewählt oder nicht, die Menschen, die wir nie oder immer sein wollten, ackern entsprechend dagegen an oder feiern uns überschwänglich und manchmal bis zur Schamgrenze – meiner zumindest. Manchmal tut das eine gut, manchmal das andere. Wir halten die Idee von gemeinschaftlichem Leben und Wohnen gegenüber dem Leben in den Kleinfamilienhöllen hoch wie die letzte rote Fahne. Wir kümmern uns um unsere Freund*innen, wenn sie uns brauchen, ausnahmslos und manchmal über unsere Kräfte. Manche haben sich bereits um alte, sterbende Angehörige gekümmert – etwas, das verstärkt auf uns zukommen wird. Wir sind besser aufgestellt, wenn wir die Idee einer empathischen und sozial verantwortlichen Gemeinschaft nicht auf einen Kreis von Menschen beschränken, die alle dasselbe Leben leben. Vielleicht haben wir uns ein Modell für die Altersversorgung gestrickt, was uns alle nicht in Altersarmut versinken lässt. Wir haben unsere Kinder mit ins FC-Boot gezogen und es ist noch für mehr Menschen Platz. Wir haben uns in diesen Prozessen miteinander entwickelt und sind nicht fertig damit.

Ich habe im Schreiben meinen Frieden mit der Eingangserinnerung gemacht, denn es geht darin, so kann man es ja auch lesen, darum, nicht allein zu sein. Und das bin ich nicht. Meine FC lässt mich mit meiner Kleinfamilie nicht allein.

Kürzlich sprach ich in einem Streit den Satz: »Wenn Du Normalität willst, musst Du sie Dir halt im Baumarkt kaufen.« So »ganz normal« ist es nämlich alles nicht. Zum Glück.

Jan Pärchen-Effekt

Grundsätzlich gilt: Wir gestehen uns erst einmal alles zu. Seien das Kinder, Jobs, teure Luxusgegenstände oder auch Reisen. Dennoch finde ich, dass es eine der größten Herausforderungen in der Finanzcoop ist, andere Lebensentwürfe auszuhalten. Weil man dichter dran ist an denjenigen Modellen, die man selbst nicht würde leben wollen. Diese Nähe ist gut und schlecht zugleich, denn diese anderen Lebensentwürfe gibt es ja und es hilft auch nichts, so zu tun, als wären sie nicht existent.

Kinder, Jobs und Wohnen – das sind die drei Themen, die den Komplex der Lebensentwürfe am meisten ausmachen. Wie wohnt man? In einer WG mit kleinem Zimmer oder in einer großen Wohnung? Kauft man sich ein Haus oder wohnt man im Bauwagen auf dem Wagenplatz? All das hatten wir phasenweise als Modelle, die gleichzeitig nebeneinanderher liefen. Das war schwierig, aber durch Transparenz und dann doch ein großes Maß an Zulassen-Können ist das größtenteils gut gegangen.

Es gab in der Vergangenheit allerdings durchaus auch Konflikte, zum Beispiel bei der Frage, ob man tatsächlich ein Haus kaufen muss. Als die Idee im Raum stand, ein Haus zu kaufen, war sie auf dem Prüfstand. Das wurde nicht einfach durchgewunken, aber es wurde auch nicht verhindert, und da gibt es nach wie vor unterschiedliche Meinungen, ob das jetzt gut oder schlecht ist. Man kann das machen: den eigenen Lebensentwurf durchziehen, den andere nicht so gut finden. Aber das hat natürlich Grenzen.

Wenn der Laden, den ich zusammen mit anderen gegründet habe, schlecht laufen würde, müsste ich mich vor den anderen FC-Mitgliedern dafür rechtfertigen. Man steht in einer Finanzcoop mit seinen Entscheidungen noch einmal anders zur Diskussion. Muss man das jetzt machen? Das kommt nicht auf die Füße, muss das sein? Du arbeitest so viel und verdienst nichts. Willst du nicht was anderes machen?

Bei der Frage von Nachwuchs betritt man noch einmal ein etwas anderes Feld, weil das nichts ist, was man wirklich kritisieren könnte. Aber trotzdem sprechen wir auch über Fragen wie: Muss man Familie machen? Oder muss man Kinder kriegen? Das ist ein Balanceakt: Man stellt Entscheidungen ein Stück weit infrage, indem man sie bespricht, aber trotzdem kann man die individuellen Entscheidungen, die dann getroffen werden, auch stehen lassen. Es gab nie den Satz: Es darf keine Kinder in der Finanzcoop geben. Das wäre auch komisch, denn warum jetzt keine Kinder, aber dafür irgendetwas anderes? Es gab ja auch nie das Diktum, es dürfe keine Fernreisen geben. Auch wenn wir uns, was Flugreisen angeht, als Gruppe selbst gewisse Beschränkungen auferlegt haben.

Auch wenn wir also unterschiedliche Lebensentwürfe erst mal so stehen lassen können, muss man sich trotzdem für grundlegende Lebensentscheidungen rechtfertigen. Man muss Dinge aussprechen: »Jetzt habe ich ein Kind, ich hätte gerne noch ein zweites.« Außer das passiert zufällig und war nicht geplant. Solche Dinge gehören in die »Befindlichkeitsrunde«, mit der wir unsere regelmäßigen Treffen einleiten. Will ich ein Kind? Will ich kein Kind? So wie man eigentlich alle Änderungen des Lebensentwurfs mit der Finanzcoop zusammen macht, plant, bespricht. Bevor ich meinen Laden eröffnete, war das lange ein Thema gewesen. Und auch wenn man einen Umzug plant, wird darüber geredet, weil dies letztlich Auswirkungen für alle anderen FC-Mitglieder hat.

In dem Kontext spielt auch die Frage des*der Partner*in eine Rolle. Kommen wir mit der Person zurecht oder nicht? Erfahrungsgemäß ist das immer sehr unterschiedlich: Mit der einen Person hat man sehr viel zu tun, mit der anderen gar nichts. Für einen selbst bedeutet das einen Balanceakt: Man versucht, das Eigene zu machen, obwohl man sich nicht nur mit der Partnerin, sondern auch mit der Finanzcoop in einem Rechtfertigungszusammenhang befindet. Oft versucht man zu vermitteln, und manchmal sagt man aber auch: »So ist es halt einfach«. Man hat ja auch Freund*innen, wo man die Partner*innen nicht mag und dann hat man eben nicht so viel mit diesen Personen zu tun.

Es steht fest: Man hat sich mit der Finanzcoop auch in eine andere Art von Abhängigkeit begeben. Mein Lebensentwurf ist geprägt durch die Finanzcoop. In jedem Bereich. Aber das heißt nicht, dass ich nicht trotzdem eigene Entscheidungen treffen würde. Die Finanzcoop ist immer da – ein bisschen wie eine Ehe. Aber während man sich in einer Ehe scheiden lassen kann, ist die Finanzcoop auf Lebenszeit angelegt.

Dass das klappen kann, hat vermutlich auch mit grundlegenden – ausgesprochenen und unausgesprochenen – Ideen und Wertungen zu tun, die wir alle mehr oder weniger teilen. Dazu gehört beispielsweise ein Umweltaspekt, der auch unseren Umgang mit Flugreisen prägt. Ein anderes Thema, das wir alle als wichtig empfinden, ist die Frage, wo man einkauft – auch wenn die Praxis dann sehr unterschiedlich aussieht. Einige von uns kaufen im Bio-Mitgliederladen ein, während die anderen ihre Sachen bei den bekannten Großhandelsketten beziehen. Da sind wir unterschiedlich bzw. das betrachten wir aus verschiedenen Perspektiven, sind jeweils aber auch nicht dogmatisch. Der Grundkonsens in diesem Bereich wäre, dass es eine Rolle spielt, unter welchen Bedingungen unser Konsum stattfindet.

Im Grunde vereint uns auch das unausgesprochene Thema, dass keine*r von uns unter blöden Umständen arbeiten müssen soll. Ein weiterer Aspekt ist, dass wir keine unethischen Geldanlagen unterstützen wollen. Deswegen haben wir auch lange über unser Rentenkonzept geredet, wo wir uns klar gegen Aktien entschieden haben – egal welcher Art. Stattdessen unterstützen wir Unternehmen und investieren in Projekte, die wir kennen. Trotzdem zahlen die Ärztinnen in eine Art Ärztewerksfonds ein, der auch Geld macht mit Sachen, die mensch nicht unterstützen möchte. Auch da sind wir also nicht ganz dogmatisch, auch wenn wir als Gruppe keine Aktien haben.

Nachhaltigkeit spielt für uns ebenfalls eine Rolle. Wir wollen nichts kaputt machen, wir wollen niemandem schaden, außer vielleicht den Nazis und/oder an manchen Stellen auch dem Staat. Und wir wollen eigentlich glücklich sein. Das ist ein Grundkonsens, den wir alle teilen. Auch wenn wir nicht bei allen politischen Themen eine identische Meinung vertreten, geht das doch in eine sehr ähnliche Richtung. Da gibt es Nuancen, aber insgesamt sind wir uns doch sehr einig. Denn wenn man sich zwanzig Jahre lang alle sechs Wochen trifft, tritt automatisch auch der Pärchen-Effekt ein, dass man sich an manchen Punkten noch ähnlicher wird.

Alter, Rente, Utopien

Gerd Drei Säulen plus eins

Coop im Alter … für die Gruppe ein mindestens genauso brisantes Thema wie Lebensentwürfe, Ersparnisse oder Ausstiege. Aber natürlich auch hier ein schönes Bild bzw. warmes Gefühl: Nach jahrzehntelangem Verstreutsein über größere Teile des Landes (und wer weiß was noch so kommt: Europa?), findet sich ja vielleicht im letzten Lebensabschnitt doch noch das gemeinsame Wohnprojekt? Wenn alle Beziehungen und Kleinfamilien überdauert sind, sitzen wir abends gemeinsam vorm Kamin, frönen allen legalen und illegalen Drogen, pupsen ins Kissen und werden vom FC-eigenen Bufdi liebevoll gepflegt?

Hört sich aus den aktuellen individuellen Lebenssituationen erst mal nicht sehr realistisch an, aber warum denn nicht? Einfach mal zulassen den Gedanken, denn ohne Spinnereien funktioniert es nicht … Also weder das Leben im Allgemeinen noch die Finanzcoop: Wir alle sind uns durchaus bewusst, dass die Gruppe endlich sein könnte (dafür gibt es leider genug Beispiele), aber so richtig Sinn macht die Finanzcoop nur, wenn wir grundsätzlich davon ausgehen, dass es uns ewig geben wird. Nur mit diesem Bild im Hinterkopf können wir uns ernsthaft Modelle für eine gemeinsame und gleichberechtigte Altersabsicherung ausdenken.

Interessant (und widersprüchlich) an dieser Stelle ist sicherlich, dass wir uns anscheinend nicht so richtig konsequent trauen, diesen Gedanken zu Ende zu denken. Denn nach wie vor haben wir uns nicht dazu entschieden, eingebrachte persönliche Ersparnisse oder Erbe zu kollektivieren. Dieses Geld darf zwar auch nicht individuell unabgesprochen ausgegeben werden und wir entscheiden als Gruppe, wie wir es anlegen, aber trotzdem bleibt es bisher Kapital der Einzelnen – was in Bezug auf den Unendlichkeitsgedanken ja eigentlich überflüssig ist. Hier muss und darf gerne hinterfragt werden … Die Coop steht auf einem Fundament aus

Vertrauen, und zwar äußerst solide nach meinem Empfinden, aber das Dachgeschoss scheint sich noch in der Bauphase zu befinden. Was ist los mit den Architektinnen und Ingenieuren? Warum so vorsichtig mit den Statikberechnungen? Tja, keine Ahnung.

Und wo stehen wir beim Thema Altersabsicherung? Es wird anscheinend ja sowieso schon ungern über Geld geredet, *but it's even less sexy to talk about* Rente. Zumindest zwischen zwanzig und vierzig. Dann allerdings scheint der Druck, sich mit dem Thema auseinanderzusetzen, langsam zu steigen. Wobei die Profis da dann natürlich verzweifelt die Hände überm Kopf zusammenschlagen und wehklagen, dass mensch gar nicht früh genug damit anfangen kann. Klar, je früher Geld zur Seite gelegt wird, desto mehr liegt dann da halt rum am Ende. Und desto mehr Kapital steht der Wirtschaft zur freien Verfügung, um das ganze System am Laufen zu halten.

So war auch die Antwort eines »Experten« auf unsere Nachfrage nach einer möglichst fairen und nachhaltigen Anlagemöglichkeit von Geld als Altersabsicherung: Gibt es nicht! Jede Form von Geldanlage zur Vermehrung desselben befeuert genau das System, das wir eigentlich nicht unterstützen wollen. So war das Anschneiden dieses Themas bei uns auch einer der Gründe für den Ausstieg von Rosine. Die einzige wenigstens halbwegs vernünftige Möglichkeit ist es anscheinend, sich viele kleine Projekte mit möglichst persönlichem Bezug zu suchen, um diese zu unterstützen und dadurch (mit einem gewissen Risiko) eventuell einen kleinen finanziellen Gewinn zu erzielen.

Wir haben (sehr wahrscheinlich wegen des oben erwähnten relativ geringen *Sexiness*-Faktors) relativ lange damit gewartet, über das Thema Rente zu sprechen. Aber irgendwann scheinen uns alle anderen Themen ausgegangen zu sein (Weltfriede: *check!*) und wir haben einen etwas verregneten Finanzcoop-Urlaub in Dänemark dazu genutzt, ein erstes Modell zu entwickeln, welches zwar noch lange keine Altersabsicherung mit sich bringt, aber zumindest ein Anfang ist: das coopinterne »Drei-Säulen-Modell«.

Säule eins ist hier die allgemeine staatliche Rente, die wir alle ab 67 erhalten werden. Eine Säule, die allerdings eher die Anmutung eines Zahnstochers hat.

Der Impuls für *Säule zwei* ging hervor aus den Rücklagen zweier FCler, die im medizinischen Bereich arbeiten. Weil hier automatisch beim ärztlichen Versorgungswerk individuell Geld vom Alltagslohn abgezweigt und angespart wird, haben wir versucht, für alle einen Ausgleich zu finden, um das Ungleichgewicht nicht allzu groß werden zu lassen. Da es finanziell unrealistisch war, diesen Betrag in gleicher Höhe monatlich siebenmal zurückzulegen, haben wir uns auf eine (geringere) Summe geeinigt, die jede*r von uns, beruhend auf gewissen ethischen Kriterien, individuell fürs Alter auf den eigenen Namen anlegen darf.

Säule drei sind die Zinsen der individuellen nicht-kollektivierten Ersparnisse. Gesammelte Erbschaften und Ersparnisse arbeiten also für uns als Gruppe, verteilt auf viele kleinere Projekte, die dadurch unterstützt werden – bleiben aber selber außen vor.

[Aber psssst! Auch wenn es noch kein Gruppenbeschluss ist: Davon ausgehend, dass wir zusammen alt werden, sind die (noch) individuellen Ersparnisse natürlich die inoffizielle Säule vier unseres gemeinsamen Modells …, von dem bisher nun auch noch nicht wirklich als Absicherung gesprochen werden kann.]

Aber immerhin: Ein Anfang ist gemacht. Und das gemeinsame Haus am Meer in Portugal mit den sieben Schaukelstühlen auf der Veranda darf sehr gerne aus vielen Säulen bestehen. Also her mit den Ideen und Spinnereien!

Jan Kein Platz im Kapitalismus

Ich sehe nicht, dass unser Modell einer Finanzcoop in den finanziellen und juristischen Strukturen unserer Gesellschaft einen regulären Platz finden könnte. Wie sollte man das, was wir tun, steuerlich veranlagen? Unser Modell kann auch deswegen nur in einer Grauzone existieren, weil Absicherung in unserer Gesellschaft grundlegend vom Individuum aus gedacht wird. Wenn man unsere ökonomische Gemeinschaft irgendwie »institutionalisieren« wollen würde, müsste man ein Konstrukt schaffen, in dem das Geld gesammelt wird. Dann gäbe es im Rahmen dieses Konstrukts irgendwelche Einnahmen, für die man dann noch einmal Umsatzsteuer abführen müsste. Ich kann mir deswegen aktuell keine sinnvolle Lösung für unser Modell vorsstellen. Das gilt auch für das Thema Rente. Wir können das nur individuell machen und erst dann wieder kollektivieren.

Von der politischen Warte aus betrachtet, lässt sich unser Modell der Finanzcoop quasi nicht vermitteln. Es ist schon für grundsätzlich Interessierte schwer zu verstehen und gehört in den Kapitalismus, wie er ist, eben auch gar nicht rein.

Aber dennoch: Macht es einfacher, solidarisch zu handeln, Finanzcoops, alternative Krankenkassenmodelle oder Kollektive zu gründen. Schafft Möglichkeiten, die das alles zumindest ein Stück weit realistischer machen! Und schafft sowiewo den blöden Kapitalismus ab …

Tom Heute schon über die Rente nachgedacht?

Als ich so voll pubertierend-rebellierend mit meinen Eltern im Streit lag, fiel meinerseits – sinngemäß – der Satz: »Wenn das so weitergeht mit der Umweltzerstörung, werde ich eh nie dreißig oder gar vierzig Jahre alt«. Dann hätte ich mich auf eine gewisse Weise einfach aus dem Thema rausstehlen können. Nun, die vierzig habe ich überschritten. Die Welt steht noch. Wenn auch durchaus fragiler als damals. Dazu ist meine Lebensfreude auch zu groß, um einfach darauf zu kalkulieren, dass uns diese Welt vor dem Erreichen des Rentenalters um die Ohren fliegt.

Ich weiß nicht mehr genau, wann es losging mit den Diskussionen über die Rente. Ich weiß nur, dass wir alle darauf nicht so richtig große Lust hatten. Das Thema war lange ein echter Stimmungskiller und es hat uns zugegebenermaßen wohl auch das achte FC-Mitglied gekostet. Das Leben spielte einfach noch zu viel im Hier und Jetzt und eben nicht in der weit entfernten Zukunft. Aber es dämmerte allen, dass uns (wenn schon nicht die Welt) dann zumindest die FC um die Ohren fliegen könnte, wenn wir dieses Thema nicht besprochen kriegen. Denn einige von uns hatten ja durchaus Anrecht auf Rente durch ihre Jobs, während dies für die Selbstständigen und Freiberufler*innen eher nicht galt. So haben wir uns langsam an das Thema angeschlichen. Bis zu diesem Urlaub in Dänemark. Ab dann gab es ein Konzept, das auch heute immer noch allen Überlegungen zum Thema Rente zugrunde liegt. Wir haben es tatsächlich geschafft, diesen Eisberg zu umschiffen, ohne richtig zu verzweifeln. Ohne uns zu trennen. Im Gegenteil, wir haben nun eine richtig gute Ausgangsposition für die FC im hohen Alter. Ob wir dann zusammenleben (also zumindest in einer Stadt) oder uns auf ganz Europa ausbreiten, ist für mich tatsächlich ein fast unwichtiges Detail. Die Familienbande unserer Kooperation erscheinen mir so gut gestrickt, dass sie tatsächlich auch weitere Distanzen aushalten. Mir erscheint gerade kein FC-internes Problem zu groß, keine Diskussion zu schwierig, als dass sie unsere Säulen erschüttern könnte.

Norman Michels Frage

Ist Finanzcoop eine praktische Antwort für einen Teilbereich des Lebens auf die Frage von Michel »wie [es] möglich [ist], dass man nicht derartig, im Namen dieser Prinzipien da, zu solchen Zwecken und mit solchen Verfahren regiert wird – dass man nicht so und nicht dafür und nicht von denen da regiert wird?« Können wir nach zwanzig Jahren Praxis mit unserer Antwort zufrieden sein? Welchen Bereichen des Regierens haben wir uns entzogen? Wo und wie regieren wir selber? Sind wir mit unseren Praxen zufrieden? Wir fühlen uns nicht revolutionär, aber haben für uns selbst etwas Feines verändert. Dies aufzugeben ist für mich nicht denkbar. Nicht nur, weil mich meine Risikobiografie einholen würde und ich den Lebensabend vereinsamt auf meiner Datsche verbringen müsste. Wie trist wäre alles ohne das Netz, gebunden aus Solidarität, Empathie, persönlicher und politischer Reflexion, Empowerment, Experimentlust und Kompliz*innenschaft?

Michel Foucault: *Was ist Kritik?*, Berlin: Merve Verlag, 1992.

Branka Open End

Als ich neulich auf Spotify nach den Red Hot Chili Peppers suchte und mein Blick beim nostalgischen Träumen zu Californication über den Bildschirm schweifen ließ, ploppte zu meiner Bestürzung ein Werbebanner zum Thema Patientenverfügung auf. Das ist hart.

Es ist nicht so leicht, die letzte Lebensphase und damit auch die letzte Phase der Finanzcoop überhaupt utopisch zu besetzen. Wie werden die Treffen sein mit zunehmenden körperlichen Gebrechen, schwerhörig, vielleicht vergesslich und zerstreut oder starrsinnig und verbohrt? Wenn es stimmt, was mein Vater oft sagte, »im Alter wächst nichts mehr außer den Fingernägeln und dem Geiz«, dann blüht uns kein goldener Herbst. Wie wird die finanzielle Lage sein? Wenn die Durststrecke der Ausbildung der FC-Kinder überstanden ist, vielleicht wieder besser. Werden wir mehr Geld brauchen als jetzt? Wie werden sich die Bedürfnisse nach Bequemlichkeit, Mobilität, Wohnkomfort entwickeln? Werden wir nach und nach enthaltsamer oder gieriger?

Wir haben eine Renten-Excel-Tabelle zu unserer kollektiven Rentenlücke, in die wir in jährlichen Abständen die aktualisierten prognostizierten Rentenbezüge der einzelnen Mitglieder eintragen. Bis jetzt sieht es da für das Rentenalter noch viel magerer aus als in der aktuellen Situation.

Allein darüber zu sprechen und sich auszutauschen finde ich etwas ganz Besonderes. Erlebe ich doch, dass in meinem Bekanntenkreis über Altersabsicherung noch seltener gesprochen wird als über Sex. Vielleicht weil es noch »unanständiger« ist? Weil es peinlich ist zuzugeben, dass man seine Arrangements im Kapitalismus gemacht hat und Geld in einem Investmentfonds angelegt hat, um seine Schäfchen ins Trockene zu bringen? Oder weil es andererseits viel zu peinlich ist zuzugeben, dass man so blöd ist, sich immer noch nicht wirklich um diese Schäfchen gekümmert zu haben, obwohl man schon so alt ist. »Let your money work for you« haut eben einfach nicht wirklich hin ohne Ausbeutung. Dann vielleicht doch lieber ein Haus kaufen, aber Moment mal, war Eigentum nicht früher mal Diebstahl? Also doch lieber für alle FC-Mitglieder in praktische Knicktäfelchen aus fairem Gold investieren, die möglicherweise auch in apokalyptischen Szenarien nützlich sein könnten?

Am besten wäre es wahrscheinlich, alle von uns, die es könnten, würden jetzt noch zwei Jahrzehnte in einem gut bezahlten sozialversicherungspflichtigen Job arbeiten. Diesen Trend kann man auch derzeit in meinem Nicht-FC-Umfeld beobachten, in dem manche jetzt plötzlich zum Beispiel Lehrer*in werden, per Quereinstieg. Why not?

Was könnte uns denn sonst noch helfen? Statt einem Ehegattensplitting vielleicht ein FC-Splitting zur Steuerersparnis und FC-Hinterbliebenen-Renten, was derzeit nur formal bestätigten Paarbeziehungen vorbehalten ist. Was wir schon richtig gut gemacht haben, ist, dass wir uns gegenseitig Vorsorgevollmachten erteilt haben und in unseren Schreibtischschubladen unsere jeweiligen Testamente liegen.

Trotzdem ist das Ganze schon noch eine Baustelle, gebe ich zu. Dabei habe ich echt Lust darauf, in unserem Haufen alt zu werden. Ich freu mich schon, noch ein bisschen schriller zu werden, ohne Lohnarbeitsnormalisierungsmühle noch mal aufzudrehen mit greller Haarfarbe, spätestens dann mit Gary-Larson-Brille, lackierten Fingernägeln, in einem netten Ehrenamtsjob, zum Beispiel als sogenannte »Grüne Dame« in einer fetten Notaufnahme … rosige Zeiten!

Zora Eines Tages, Baby, werden wir alt sein

Unvorstellbar vor 20 Jahren. Jetzt allmählich vorstellbarer. Wobei es ein unglaubliches Privileg ist, so wohlgenährt, gesund und sicher zu leben, dass ich mit einer gewissen Wahrscheinlichkeit noch 35–40 Jahre erleben werde. Natürlich mit der FC.

Was wäre denn die Utopie? FC für alle. Solidarität über Grenzen, Herkünfte, Altersgruppen hinweg. Das bedingungslose Grundeinkommen.

Die Wirklichkeit sieht aktuell genau so nicht aus.

Rosine sah uns im Alter als Selbstversorger*innen, Ziegen hütend in Südwesteuropa – was ich schon immer bezweifelt habe. Nicht zuletzt als Ärztin denke ich: Es ist sehr unwahrscheinlich, dass wir alle bis zum Lebensende körperlich derart unversehrt sind, dass wir so leben könnten.

Alt werden ist nix für Feiglinge, sagte die Mutter einer Freundin immer. Eine Art, der Angst vor Krankheit, Behinderung und Einsamkeit im Alter zu begegnen, ist der Versuch finanzieller Absicherung. Eine weitere ist es, zu diesen existenziellen Fragen, Hoffnungen und Sorgen in Kontakt zu kommen, zu sein und zu bleiben mit den Menschen um mich herum. Beides geht mit der FC und beides kommt in meinem sonstigen Leben sonst kaum vor. Denn – über Geld (synonym: Rente, Erbe, Absicherungsmechanismen, Lebensversicherungen, Altersarmutssorgen …) spricht man auch in der linken Szene – wie ich sie erlebe – nicht.

Stimmen aus dem Umfeld

*revoluzy | Sozialistisch geprägte Freelancer*in in Kunst und so. Souverän prekär (Diplom), kontinuierlich im Existenzstress (Master) und ohne Aussicht auf Erbschaft (alleinerziehend). Beste Eigenschaft: Böser Humor mit intelligentem Witz.*
(related to: Norman)

Wenn ich Freund*innen und anderen Menschen, zum Beispiel auch meiner biologischen Familie, von der FC erzähle und davon, was die FC ist, dann habe ich in Nullkommanix sehr interessierte Zuhörer*innen. Das Konzept, nicht neu, aber viel zu selten und dabei unglaublich effektiv, die Finanzen zu teilen und bestimmte Bedingungen zu etablieren, die ein Funktionieren des Ganzen dauerhaft möglich machen, erscheint, so erlebe ich es, nicht wenigen sehr attraktiv und erfährt jede Menge Respekt.

Ich frage mich daher, woran es liegt, daß nicht mehr Menschen auf eine derartige Struktur, die gleichermaßen eine Absicherung und eine Bezugswelt bietet, bauen und vertrauen. In Überlegungen, die in meinem eigenen Freund*innenkreis dazu angestellt wurden, stießen wir jedoch ziemlich fix auf die ersten eigenen Hürden, die eine Umsetzung dessen, was die FC seit Jahren schafft, erschwert oder gar nicht erst bis zur realistischen Erwägung bringt.

Eine erste Schwierigkeit liegt beispielsweise darin, die verschiedenen Motive verschiedener Leute, ein solches Modell anzunehmen, auf einen gemeinsamen Nenner zu bringen. Die können da sein: die eigene Existenzsicherung, antikapitalistische Grundsätze, eine solidarische Grundeinstellung, Gruppenidealismus, fortdauernde Prekarität, verunsichernde Perspektivlosigkeit … Die jeweiligen Motive lassen dabei auch schon die ihnen innewohnenden Bedürfnisse der einzelnen Personen blicken. Jene, die, wenn sie nicht unterdrückt oder unausgesprochen bleiben, die vielleicht wichtigste Grundlage für ein solches Konzept darstellen, da deren Vereinbarkeit in meinen Augen zwar stets verhandelbar, aber im

Moment der Entscheidung für ein solches Modell jenem auch untergeordnet sind bzw. sein müssen. Sprich: Der eigene Anspruch muss mit dem der FC korrelieren. Sollten sich nun Personen mit ähnlichen Motiven und Bedürfnissen finden, kommt die eigentliche Barriere zum Vorschein: Die Praxis. Einerseits menschlich: Was bedeutet es für meine Beziehung zu den Menschen, lassen wir es mal Freund*innen sein, das Thema Geld zu einem Beziehungsfaktor werden zu lassen? Ändert sich dadurch die Freundschaft, fehlt die eigene Autonomie, wird man abhängig von den Beteiligten, wie gelingt dennoch Abgrenzung etc.? Und schließlich: Wie wird so etwas organisiert und von wem? Wer behält den Überblick und wie werden demokratische Prozesse initiiert und beibehalten, ohne dass es zu zähen Plenen und/oder im schlechtesten Fall sogar Streitigkeiten und Zerwürfnissen kommt? Wie viel Privatheit ist in einer solchen Konstellation noch möglich?

Und dann der wieder so erschreckend helle Gedanke: Es geht schließlich nur um Geld. Schnödes, notwendiges, aber ungeliebtes, irgendwie auch lächerliches Geld.

Ich bin seit vier Jahren in einer Beziehung mit einem Mitglied der FC. Zu Beginn wusste ich gar nichts davon. Ehrlich gesagt auch kein Wunder, denn Finanzielles ist nicht unbedingt eines der ersten Themen, wenn man sich kennenlernt. Bemerkt habe ich jedoch auch nichts, außer als die regelmäßigen Treffen der Finanzcoop mir bewusst machten, dass das eine ziemlich wichtige und außergewöhnliche Sache ist, »die der da seit Jahren am Laufen hat«. Ich war beeindruckt und auch irgendwie erleichtert. Erleichtert wohl deswegen, da ich eher mit einem prekären Umfeld sozialisiert bin und ich mich daher freue, einen mir sehr nahen Menschen gut versorgt zu wissen. Und zwar nicht nur im Jetzt, sondern auch in der Zukunft, quasi nicht nur versorgt, sondern ausgesorgt. Das Schöne ist, dass die wohl gebräuchlichste Form eines Ausgesorgt-*Habens* in der FC vielmehr einem Ausgesorgt-*Sein* entspricht, da Besitz eher einen untergeordneten bzw. sogar mehr hinderlichen Faktor in der FC-

Struktur bezeichnet, stattdessen das Sein und das Sein-Können im ›Fordergrund‹ steht.

Vor zwei Jahren habe ich schließlich alle FC-Mitglieder kennengelernt. Sieben Individualist*innen, ziemlich unterschiedlich sogar, und dennoch eine Verbunden- und Vertrautheit untereinander ausstrahlend, die ich als faszinierend beschreiben würde. Ergeben hatte sich das Kennenlernen durch die Einladung auf ein von der FC gemietetes wunderschönes und geräumiges Feriendomizil in Südfrankreich, wo sie ihren im zweijährigen Turnus stattfindenden gemeinsamen Urlaub machten und Partner*innen und Freund*innen einluden, in der zweiten Woche hinzuzukommen. Ich fuhr mit meinem zwölfjährigen Sohn und seinem Kumpel hin und wir hatten eine wunderbare Zeit inmitten einer größeren geselligen Gruppe von Menschen, die sich voher teilweise kaum kannten – mit gemeinsamen Abendessen und Ausflügen zu den herrlichen Gumpen in den Cevennen. Wir wurden sehr freundlich aufgenommen, schon nach ein paar Tagen hatte ich eine Art Zugehörigkeitsgefühl und auch mein Sohn und sein Freund fühlten sich sichtlich wohl in dem Trupp.

Aus Erzählungen weiß ich, dass das jeweilige Privatleben, Liebesbeziehungen, familiäre Situationen und Gegebenheiten einen großen Stellenwert für die FC besitzen. Die privaten Inputerzählungen zu Beginn ihrer regelmäßigen Treffen geben den jeweils anderen FC-Mitgliedern einen Einblick in die momentane Lebenssituation der Person und scheinen u. a. auch die oben benannte substanzielle Beziehungs- und Vertrauensarbeit darzustellen. Sie kennen sich bereits lang, sie kennen sich gut und erleben die*den andere*n, trotz der Entfernungen und einem fehlenden gemeinsamen Alltag, dennoch in seiner/ihrer Ganzheit. Ich wusste daher, als ich nach Frankreich kam, auch, dass mich alle bereits kennen, verschiedene auch private Dinge von mir wussten, eine gewisse Vorstellung von mir hatten und sich freuten, uns nun endlich kennenzulernen. Natürlich war ich aufgeregt. Anders nochmal als beim Kennenlernen von den Freund*innen aus dem direkten Umfeld oder der biologischen Familie, denn die FC ist in meinen Augen die wohl wichtigste menschliche Kontinuität für mein FC-Mitglied – eine Art Wahl- und Ersatzfamilie. Und, wie ich finde, eine sehr liebenswürdige, unanstrengende (zumindest bekomme ich davon nicht viel mit) und in ihrer FC-Struktur auch eine mich faszinierende.

Ich erlebe oder sehe sie nicht oft, wenn nur gelegentlich, wenn es sich ergibt, das eine oder andere Mitglied mal mehr, mal weniger, aber ich fühle mich per se sehr verbunden und vor allen Dingen meine Person selbst sehr ernst genommen und als ein bedeutender Teil in meiner Funktion als Beziehungspartnerin. Das fühlt sich daher auch für mich nach einer erweiterten Familie an und der Gedanke gefällt mir, weil ich mich persönlich als Familienmensch im klassischen Sinn bezeichnen würde – zumindest so aufgewachsen bin und dennoch eher in Wahlfamilienstrukturen agiere (enge Freund*innen etc.).

Daher gibt mir die FC, auch nur von vielleicht halb außen betrachtet, eine dankbare Sicherheit für die mir nahestehende Person, welche ich mir für so einige andere Menschen um mich herum auch wünschte. Warum also nicht eine eigene FC gründen? Vielleicht braucht es dazu noch Zeit, bessere Jobs, die das Ganze tragfähig machen würden und vor allen Dingen eine sinnvolle Konstellation an Mitstreiter*innen, denn, was die FC so scheinbar problemlos geschafft hat und schafft, eine zwischenmenschliche Vertrauensstruktur herzustellen, die auf Freundschaft und Respekt beruht, kann bei dem ach so schnöden Thema Geld ziemlich schnell den Bach runtergehen. Unkompliziert ist dieses wunderbare Konzept und Projekt nämlich bei Weitem nicht. Aber ich behalte die Idee im Hinterkopf und, wer weiß, vielleicht ergibt es sich eines Tages. Vorstellen kann ich es mir.

miss anthrop Alle haben da eigentlich Spaß

(related to: Branka Bataki)

Ich mag gerne Katzen und Hunde und bin neun Jahre alt. Ich gehe in die vierte Klasse und bin zusammen mit meiner Mama in der Finanzcoop. Dann sind da noch Jan, Gerd, Zora, Jelena, Rider, Kay, Tom, Norman und Greta, der Hund, und Kerstin. Jelena ist die älteste von uns Kindern, dann komm ich, dann Rider und dann Kay. Ich mag sehr gerne Zora, weil Zora macht auch was mit uns. Die spielt auch manchmal Kitzelmonster mit uns. Die ist sehr lustig und sehr nett. Eigentlich sind alle sehr nett, aber Zora mag ich wirklich gerne. Dann mag ich auch noch Jan gerne. Jan ist sehr lustig und hat auch immer gute Ideen, denn er arbeitet auch mit Kindern. Und dann machen wir manchmal so coole Sachen. Mit Jelena spiele ich sehr oft, aber die ist nicht so oft dabei, weil der oft ein bisschen langweilig ist. Rider, der ist auch mein Cousin. Den mag ich auch, weil der total süß ist. Kay und Rider sind immer zu zweit – wie Tom und Jerry.

Wenn sich die Finanzcoop trifft, fragt meine Mama immer: »Hast du Lust mitzukommen?« Manchmal heißt es aber auch: »Du, wir müssen jetzt da hin, weil Papa weggefahren ist und ich kann nicht allein zu Hause bleiben.« Dann komme ich mit. Aber auch wenn irgendjemand zu Hause ist, komm ich gerne mit, weil es macht mir Spaß, denn die sind alle total nett.

Es gibt bei den Treffen dann schon manchmal auch ein bisschen Ärger, das merken wir auch. Denn Rider und Kay, die wollen halt immer bei ihrer Mama sein, damit sie mit ihnen spielt. Und die Erwachsenen wollen manchmal auch alleine sein. Meistens mach ich dann was mit den beiden. Wir malen was oder spielen was. Und das ist ein bisschen schade, denn Jelena hat darauf überhaupt keinen Bock. Und es würde noch mehr Spaß machen, wenn wir das zu zweit mit den beiden Kleineren machen würden. Jelena hört dann immer Hörspiel und ist bei den

Erwachsenen. Wir können auch bei den Erwachsenen sein, aber wir müssen dann halt leise sein. Die sprechen oft über Geld oder jetzt auch über das Buch. So richtig weiß ich das aber eigentlich nicht, denn ich bin eigentlich nicht oft dabei. Was ich schön finde, ist, dass es zum Schluss, bevor alle wieder zurückreisen, eine Abschlussrunde gibt. Dann erzählen die alle »Das fand ich schön« und so. Da machen wir auch manchmal mit. Und das ist schön, denn dann kann man sagen: Ich fand es zum Beispiel sehr schön, dass wir in den Park gegangen sind. An den Wochenenden gibt es nämlich auch Pausen. Die machen vielleicht so zwei Stunden und dann gibt es eine Pause und dann gibt es Mittagessen. Und dann machen die Erwachsenen auch was mit uns.

Eine Finanzcoop ist, wenn ein paar Leute, acht oder so, die Zahl ist eigentlich egal, sich zusammentun und sagen: Hier, also alle schmeißen ihr Geld in eine Kasse. Und dann, wenn man Geld braucht, kann man sich das rausnehmen. Und in einer Finanzcoop geht es aber auch nicht immer um Geld. Es geht auch um ein paar andere Sachen, mit denen kann man alles besprechen. Und man hat auch Spaß. Also manchmal, also oft. Das ist schön, die alle zu sehen. Und die besprechen halt oft was. Das ist eine Finanzcoop.

Ich weiß nicht, warum meine Mama in einer Finanzcoop ist. Ob ich selbst mal eine Finanzcoop haben möchte? Ja, ich sehe, alle haben da eigentlich Spaß. Also vielleicht ja. Das habe ich mir noch nicht überlegt eigentlich. Ich finde richtig schön, dass wir nicht immer nur bei den Treffen sind. Wir machen manchmal auch Sommerurlaube. Das finde ich richtig toll. Wir waren letztes Mal in einer richtig tollen Burg, ich hab vergessen, wo das ist. Das war auch ein bisschen doof wegen meinem Papa. Der macht dann nicht so mit, der fährt dann wieder nach Hause. Und dann waren wir gerade so im Sommerurlaub und dann mussten wir von ihm weg. Das war auch ein bisschen traurig, weil ich hab ihn schon vermisst, weil er gar nicht dabei gewesen ist. Aber wenn man dann mal da ist, denkt man eigentlich nicht mehr so viel daran. Und das war total schön. Da gab's auch ein Meer. Das mag ich richtig gerne, wenn wir mal ein paar Wochen, also zwei Wochen zusammen sind. Und da gibt es dann auch nicht so häufig wie sonst (Arbeits)Treffen. Da macht man ein bisschen mehr Freizeit und Urlaub. Aber ein paarmal gibt es schon noch Quatschen, aber nicht mehr so oft.

So einen Urlaub machen wir alle zwei Jahre. Ich glaube, im nächsten Sommer fahren wir wieder.

Das schönste Erlebnis mit der FC war bislang das mit der Burg. Das fand ich einfach richtig schön. Aber vielleicht in zehn Jahren oder so haben wir noch fünf weitere Urlaube gehabt. Und dann kommt ja vielleicht noch was Cooleres als die Burg. Das weiß man ja nicht.

Bei uns ist es praktisch, denn man kann sich einfach Geld nehmen. In der Finanzcoop kann man alle fragen: »Kann ich mal fünf Euro haben?« Und dann sagen die halt ja. Bei meiner Freundin nimmt man sich das von seinem Taschengeld oder aus dem Portemonnaie der Eltern. Ich kann viel mehr Leute ansprechen, ob sie mir mal etwas bezahlen, das Eis oder so. Wenn wir ein FC-Treffen haben, dann gehe ich manchmal mit Rider und Kay zur Eisdiele und da fragen wir dann auch einfach irgendwen: »Können wir Geld für das Eis haben?« Ich habe das schon mal meinen Freund*innen erzählt und die finden das eine tolle Idee. Wenn ich zum Beispiel sage, »Oh, Mama, ich will diese supertolle Bettwäsche, die würde super passen«, dann bespricht das meine Mama mit meinem Papa und die gucken sich das auch erst an. Und wenn sie das schön finden, dann nimmt sie das Geld, das allen in der FC gehört. Das ist keine Kasse, wo alles drin ist, wie bei meinem Papa, sondern man holt das bei der Bank und tut das in sein Portemonnaie.

Ich wünsche mir am meisten etwas, was kein Geld kostet. Eigentlich möchte ich am liebsten eine Katze. Was ich sonst noch wirklich will? Also das ist jetzt nicht so ganz unbedingt ein Wunsch, aber wenn ich einfach was kaufen würde: Es gibt da bei Karstadt so einen richtig geschmeidigen schwarzen Panther. Den finde ich super. Aber der kostet auch richtig viel. 120 Euro oder so. Meine Mama hat das auch gesehen. Und meine Mama hat auch gesagt »Oh, der ist ja echt cool«, aber als sie das Schild gesehen hat, wo das draufstand, hat sie gesagt: »Nee.« Aber ich bin ganz zufrieden auch mit meinen Kuscheltieren.

Mein Papa ist auch in einer Finanzcoop. Da ist es ein bisschen leichter, denn die wohnen alle in einem Haus. Und da kann man einfach sagen: »Wollen wir heute ein Treffen machen?« bei WhatsApp. Und dann sagen die: »Ja, ich hab heut Zeit«. Und das ist ein bisschen einfacher, denn bei der Finanzcoop von meiner Mama ist das ein bisschen schwieriger, weil die alle in verschiedenen Städten wohnen. Ich glaube, die machen das über WhatsApp, aber so richtig weiß ich das nicht.

Nicht alle aus der Finanzcoop rufen mich an meinem Geburtstag an. Ich glaube, Zora, die macht das schon. Aber zum Beispiel Norman hat nicht angerufen an meinem Geburtstag. Aber wenn wir zum nächsten Treffen kommen, gibt es dann ein Geschenk von allen. Und dann ist es so, dass alle »Herzlichen Glückwunsch« sagen, aber nur manche rufen am Geburtstag selbst an.

Ich finde eine Finanzcoop sehr gerecht und auch praktisch. [Danach gefragt:] Ich finde, das sollten mehr Leute machen, denn manche Leute haben ja nicht so viel Geld. Und dann könnte man auch fragen: Kann ich ein bisschen Geld von dir haben? Aber nicht so viele kommen halt auf die Idee. Keine Ahnung warum. Es gibt viele, die geflüchtet sind. Da haben sie ihr Haus und alles und Essen noch in ihrem Land halt. Also nicht alles, aber vieles. Und dann haben die kein Haus, keine Arbeit und dann verdienen die halt nichts. Die nehmen ja Geld mit, aber dann leben sie ja erst mal auf der Straße oder gehen irgendwohin. Aber sie haben nichts zum Arbeiten. Und dann reicht das Geld nicht mehr, weil sie ja schon das Haus gekauft haben. Und dann muss man ja Essen bezahlen und für die Kinder zum Beispiel ein neues T-Shirt kaufen. Weil die ja nichts mehr verdienen, haben die immer weniger.

Es gibt zum Beispiel auch die, die zum Beispiel eine Putzfrau haben. Die verdient jetzt nicht so viel wie meine Mama, die im Krankenhaus arbeitet. Ich weiß eigentlich nicht warum, aber irgendwie ist das so. Ja. Das ist halt auch blöd, weil die machen ja eigentlich auch das Gleiche. Das ist nur eine andere Arbeit. Das finde ich auch gemein. Auch Obdachlose leben auf der Straße, weil die, glaube ich, kein Geld haben für ein Haus.

Es gab das schon mal, dass andere in der Finanzcoop mitmachen wollten. Eine, die wollte da, glaube ich, mitmachen. Und dann haben die das besprochen. Aber man muss das ganz genau besprechen, ob alle das gut finden. Und wenn halt nicht, dann sagt man: »Nee, geht leider nicht.« Aber wenn alle einverstanden sind, dann kommt die einfach rein. Aber so genau weiß ich das jetzt nicht.

Ich würde mir wünschen, dass wir mal alle zusammen in ein Schwimmbad gehen. Das ist in Oldenburg. Das ist richtig toll. Das ist mein Aller-aller-Lieblingsschwimmbad. Das ist echt cool. Und das würde ich mir wünschen, dass wir mal alle da hingehen.

Nico Danke, Sparverein!!!

(related to: Branka Bataki)

Die Finanzcoop hat es schon immer gegeben, zumindest in meiner Erinnerung. Ob es sie immer geben wird, keine Ahnung, genug Sprengstoff gibts ja, aber ich glaube schon und zu wünschen wäre es ihr allemal – Ausrufezeichen, Ausrufezeichen, Ausrufezeichen. Ob von dem Sprengstoff (bescheuertes Wort eigentlich) etwas in dem Buch hier steht, weiß ich nicht, vielleicht zu pikant. Obwohl es schon interessant wäre: so eine Art öffentlicher »Schmutzwäsche-Waschtag«. Aber wer macht das schon gerne.

Dabei ist die Frage, warum es die FC überhaupt gibt, sowie die Debatten und Konflikte, die an den berühmt-berüchtigten

FC-Wochenenden über die Jahre hinweg geführt und ausgetragen wurden, ja von großer Bedeutung für alle, die den Kampf um eine andere Welt jenseits eines brutalen neoliberalen Kapitalismus noch nicht aufgegeben haben. Wer weiß schon eine dezidierte Antwort darauf, wie ein gutes Leben für alle weltweit umgesetzt werden kann und wie sähe das dann konkret aus? Und wie können soziale Ungleichheiten und Privilegien, die die Lotterie der sozialen Herkunft und gesellschaftlicher Positionierungsprozesse über die FC-Mitglieder (und uns alle) ausgeschüttet hat, ausgeglichen werden …? Oder bleibt das eine sozialromantische Illusion, ein wenig Zuckerguss über dem stählernen Privilegienskelett? Und nicht zu vergessen: die große »System-Keulen-Frage«, inwieweit diese kleinen Veränderungen und Verweigerungen im Alltag überhaupt politisch sind oder im Gegenteil nur privatistische Kleinkrämereien, Puderzucker für das schlechte Gewissen, die die globale Systemumwälzung de facto keinen Meter voranbringen? Daran schließt sich natürlich auch die Diskussion an, welche Kompromisse jeder und jede von uns bereit ist, mit dem Bestehenden einzugehen und wann man eigentlich anfängt, Schritt für Schritt, Frieden mit dem zerstörerischen Wahnsinn der kapitalistischen Ausbeutungs- und Verwertungsmaschinerie zu machen? Oder etwas pathetischer gefragt: Ab wann hat man sich eigentlich davon verabschiedet, ein*e radikale*r Gesellschaftskritiker*in und fundamentale*r Systemoppositionelle*r zu sein, und es sich gemütlich gemacht in der bunten Konsum-Glitzerwelt: Leider geil, aber noch sexy? Gibt es (k)ein wahres Leben im falschen und ist die Finanzcoop ein Versuch auf dem Weg hin zur Emanzipation, hin zu einer befreiten Gesellschaft? Oder nur ein hipper Sparverein zum Angeben auf Partys, mit dem ich mir Sachen leisten kann, die ich alleine finanziell so nie hinkriegen würde – ›Hammerhai-Reiten in West-Schweden‹ und so was.

Um es kurz zu machen: Ich glaube, die FC ist prinzipiell eine sehr gute Sache und allein ihre Existenz ist gewissermaßen ein revolutionärer Akt, denn er fängt genau da an, wo bei den meisten anderen der Spaß definitiv aufhört: beim Geld. Dass sich Leute überhaupt entschließen, ihr Geld über Ausbildungs- und Gehaltsgrenzen hinweg in einen Topf zu werfen und nach dem Bedürfnisprinzip zu verteilen (und noch nicht einmal nach dem muffigen »Für-alle-das-gleiche-Taschengeld«-Modell), ist in seiner politischen und emanzipatorischen Sprengkraft (mal wieder) nicht hoch genug anzuerkennen und abzufeiern. Damit wird ein Prinzip in die Welt gesetzt, das den Neoliberalismus – die einsamste Ideologie der Welt nebenbei – auf radikale Weise herausfordert: Konkurrenz, Kampf, Effizienz, Optimierung, Tauschlogik, Leistungsprinzip, oben/unten, Gewinner/Verlierer, »Wer nicht arbeitet, soll auch nicht essen« … Fuck off! Dem stellt die FC die immer noch beste aller Gerechtigkeitskonzeptionen entgegen: »Alle nach ihren Bedürfnissen und alle nach ihren Fähigkeiten«, in Solidarität und gegenseitiger Hilfe. Wäre die Welt sozusagen eine einzige FC, die Welt sähe besser aus. Und dafür muss man diesem liebenswert-charmant-chaotisch-glamourösen linken Sparverein und seinen Mitgliedern einfach mal Danke sagen: dass es sie gibt, dass sie nicht aufgeben und dass sie dieses Experiment nun schon seit über zwanzig Jahren schaukeln und jetzt auch mal offensiv in die Öffentlichkeit gehen. In diesen kalten faschistoiden Zeiten ein guter Move.

Bewegungsenergie, ein Tischgespräch

[Das folgende Gespräch ist der Zusammenschnitt einer abschließenden Zusammenkunft. Im Verlauf eines Mehrgängemenüs wurden noch einmal die Themen in den Blick genommen, die, aus welchen Gründen auch immer, im Laufe der Arbeit am Buch tendenziell »unter den Tisch« gefallen waren.]

Themen, die fehlen

Kerstin Was in unseren Texten bisher nicht auftaucht ist, ist unsere finanzielle Unterstützung für andere, für Einzelpersonen und Projekte. So etwas besprechen wir oft lange und ausführlich, und beraten Letztere dann teilweise auch.

Zora Viele sagen, dass es einfacher ist, uns als Gruppe um Unterstützung zu fragen als privat einzelne Personen.

Kerstin Zumal wir ja auch keinen Finanzierungsplan wollen und da auch nicht reinreden, sondern pragmatisch Unterstützung anbieten. Aber trotzdem wird man natürlich zum*zur Akteur*in in Projekten, mit denen wir sonst gar nichts zu tun haben. Bei Projekten von Menschen, die ich vielleicht gar nicht kenne.

Zora Wobei das schon in einer Blase verbleibt. Leute, die uns kennen, kennen jemanden, der uns kennt usw.

Branka Vielleicht könnte man am ehesten fragen, inwieweit die Finanzcoop etwas zu tun hat mit politischer Arbeit oder Aktivismus, mit politischem Engagement. Und da würde beispielsweise alles darunterfallen, was wir als Einzelne im Alltag an politischer Arbeit und reeller Unterstützung leisten, beispielsweise für Geflüchtete.

Jan Wobei man auch fragen kann, inwieweit die Finanzcoop letztlich auch eine Folge von unserer politischen Arbeit ist. In gewisser Hinsicht denkt die Finanzcoop unsere politische Arbeit weiter. Unser Ausgangspunkt war ja nicht gewesen: Wir wollen unser Geld teilen. Sondern: Wir wollen etwas in der Gesellschaft verändern.

Branka Ich bin immer noch regelmäßig zweimal die Woche in einer Politgruppe, habe genau genommen sogar noch eine dritte Politgruppe. Und das mache ich jetzt seit über zwei Jahrzehnten, auch wenn sich die Arbeit inhaltlich gewandelt hat. In Göttingen war ich eher in der Antiatombewegung tätig, zusammen mit Norman. Seitdem ich in Hamburg bin, ist es eher die Antirassismusarbeit, zum Beispiel in einer autonomen Politgruppe.

Tom Solange ich noch in Göttingen war, habe ich mich bei der Roten Hilfe engagiert. Seitdem ich umgezogen bin, habe ich mich noch nicht neu verwurzelt. Außerdem komme ich auch aus dieser Anti-AKW-Gruppe.

Norman Ich hab mich vor einigen Jahren zurückgezogen aus dem aktionistischen gruppenorientierten Politkram, weil ich DJ werden wollte. Das war tatsächlich eine Entscheidung: Ich habe soundso viel Freizeit und von der stecke ich total viel in Politkram und ich möchte das umdrehen. Ich möchte was anderes machen. Ich bin der Politarbeit immer noch verbunden, aber gefühlt mache ich das schon lange nicht mehr, dass ich zu Gruppentreffen gehe und auf diese Weise organisiert bin. Ich versuche, das immer noch in meinem Nahbereich zu machen. Dort, wo ich arbeite, fühle ich mich als politischer Sozialarbeiter, nicht nur als Sozialarbeiter. Oder wenn ich Lehre mache, dann habe ich da bestimmte Ansprüche, die ich auch politisch finde. Und nehmen wir an, ich würde eine Doktorarbeit schreiben zum Thema »Rechtspopulismus und Soziale Arbeit«, dann finde ich das ein sehr politisches Thema. Und dass ich diese Arbeit schreiben kann, hat wieder viel mit der Coop zu tun, weil sie mir den Raum gibt, das machen zu können. Ich würde, glaube ich, ohne die Coop nicht auf die Idee kommen, mich noch mal in eine eher prekäre Situation mit einem Stiftungsstipendium und nicht so viel Geld zu begeben. Das würde ich alles gar nicht mehr machen ohne Coop im Rücken. Das Wirkungsfeld hat sich bei mir total geändert und da kann man auch darüber streiten, was das eigentlich bedeutet, wenn man die Politik nur noch im professionellen oder im Rahmen seiner eigenen Profession macht. Ich würde sagen: Immerhin.

Branka Und ganz ab und zu gehen wir alle zusammen auf eine Antinazidemo oder etwas Ähnliches. Wenn wir in einer Stadt sind, wo gerade eine stattfindet. Trotzdem ist die letzte Demo schon eine Weile her.

Kerstin Wir sind alle regelmäßige Demoteilnehmer*innen.

Norman Ich finde das schön, dass es im Fall einer Nazidemonstration bei allen eine gefühlte Dringlichkeit gibt, dort hinzugehen und den Gegenprotest sichtbar zu machen – und dass dies dann ein Teil des Treffens ist.

Jan Ich glaube, wir sind alle auch noch mehr oder weniger verwurzelt in dieser Szene. Egal wie weit wir uns zum jetzigen Zeitpunkt in Politgruppen bewegen oder nicht, sind wir doch alle da noch assoziiert und berufen uns darauf. Es ist nicht so: Wir sind jetzt alle alt geworden und haben damit nichts mehr zu tun.

Zora Nein, wir werden keine Toskanafraktion. Und, falls das noch nicht deutlich wurde: Wir kommen letztlich aus einer autonomen Art des Politikmachens und nicht aus irgendeiner Parteijugend oder Vereinsmeierei. Das ist, glaube ich, wichtig.

Zur Frage politischer Forderungen

Jan Wir wollen das eigentlich eher Utopie nennen, weil wir nichts Konkretes für uns fordern. Wir sind keine Partei, die irgendetwas fordert, sondern wir wollen eine Utopie aufzeigen, wie es anders gehen könnte.

Zora Wenn wir uns als Modell fürs große Ganze nehmen, dann könnten wir uns als Gruppe einigen auf Forderungen wie bedingungsloses Grundeinkommen, freier Zugang zu Bildung für alle Menschen, freier Zugang zu Gesundheitsversorgung für alle Menschen, offene Grenzen, Bewegungsfreiheit für alle Menschen. Das sind die Basics.

Kerstin Ich glaube, es ist ein Unterschied, ob man das in einem konkreten aktivistischen Rahmen, den wir alle bespielen oder bespielt haben und richtig finden, so ausformuliert oder ob wir das als Gruppe tun. Wir sind eben eine Finanzcoop. Wir sind politisch, aber keine Politgruppe. Ich finde es wichtig, all das – was immer so vollmundig klingt, wenn man das mal durchdekliniert – auch im kleinen pragmatischen Rahmen oder in praktischen Ansätzen tatsächlich zu leben. Das tun wir alle auf eine Art. Dann wird das viel greifbarer und fühlt sich anders an, als wenn man das nur formuliert. Für mich ist das jetzt, mit der praktischen Erfahrung der Finanzcoop, etwas ganz anderes als vielleicht noch vor zwanzig Jahren, als man bestimmte Forderungen sicherlich gut und richtig fand, aber der Überblick gefehlt hat, das einordnen zu können in einen Wirklichkeits- oder Handlungsspielraum. Und ich finde, da ist die Finanzcoop auf dem angestrebten Weg, den Kapitalismus abschaffen zu wollen, der Versuch, innerhalb des Kapitalismus einen Entwurf zu realisieren, der diesem Abschaffungswunsch verpflichtet ist und sich aber an den Gegebenheiten orientiert.

Zora Wobei wir ja total im Kapitalismus drin sind. Das sind einfach unauflösbare Widersprüche. Und auch wir wollen Geld, das wir verleihen, wieder zurückhaben und sind dadurch natürlich auch in einer Besitzlogik gefangen.

Branka Aber nur, weil wir uns um unser aller Altersabsicherung Sorgen machen.

Jan Ja, aber trotzdem verschenken wir das Geld nicht einfach so. Ich glaube, wir wollen es nicht verklären, was wir machen. Es ist klar, wir leben in diesem Kapitalismus wie alle anderen auch. Wir versuchen, für uns alles etwas schöner zu machen, und aber auch einen Anreiz zu geben, wie es anders geht. Und dabei nehmen wir noch ein paar andere mit. Aber wir sagen nicht, wir hätten im Rahmen unseres eigenen Modells den Kapitalismus abgeschafft.

Zora Das wäre ja auch lächerlich.

Kerstin Durch die Jahre und das Dranbleiben und das Sich-Weiterentwickeln, durch das Durchgehen durch verschiedene Konflikte und Situationen haben wir über viele Jahre hinweg eine Idee von Altersvorsorge entwickelt. Dadurch haben wir auch diese Sicherheitsbedürfnisse mit reingenommen, die man in einem prekären Dasein – oder in einem drohenden prekären Dasein – zumindest beachten muss. Wir haben dadurch etwas aufgefangen und das setzt uns wieder in den Stand, neue Dinge zu überlegen und weiterzudenken. Zum Beispiel diskutieren wir mittlerweile, warum wir eigentlich so eine weiße, privilegierte, deutsche Gruppe sind. Sind wir das deswegen über einen so langen Zeitraum hinweg, weil wir bestimmte Sachen erst erfahren mussten? Und können wir das jetzt noch einmal verändern? Wie reflektieren wir das eigentlich? Wir wollen gar nicht an einen Punkt kommen, wo wir sagen, jetzt ist Schluss mit der Reflexion, jetzt haben wir alles erledigt und es ist gut. Ich finde, dass uns das ausmacht: so ein Grummeln, so ein Rödeln, so ein Gucken, wie geht es weiter. Und nicht nur im Kleinen, wie geht es mir, meinen Homies und meiner Family. Dieses weitergehende Interesse hat mit der Gesamtstruktur unserer Gruppe zu tun. Mit dem Interesse, nicht nur aneinander dranzubleiben, sondern auch an Diskursen und politischen Entwicklungen. Ich habe das Gefühl, dass ich durch die Finanzcoop an politischen Fragestellungen dranbleibe, auch wenn ich mich mal zwei Jahre in privater Hinsicht aus diesen Dingen eher rausziehe. Ich glaube, das geht Leuten, die anders leben, nicht so. Die hören dann irgendwann auf, sich mit diesen Themen zu beschäftigen.

Jan Es ist viel schwerer, sich ins Private zurückzuziehen, weil wir uns gegenseitig davor immer wieder beschützen. Ohne die Finanzcoop könnte man sich zurückfallen lassen ins Private.

Kerstin Als wir uns heute im Vorfeld Gedanken über dieses abschließende Gespräch gemacht haben, haben wir gemerkt, dass es sehr komplex ist, über Solidarität zu reden. Wie nähert man sich dem Thema an und wer hat welche Vorstellung von Solidarität? Allein schon die Tatsache, dass wir über diese Fragen nachdenken können, ist eine Art von Privileg. Weil unser Nachdenken über Solidarität nicht nur auf einen Druck reagiert. Wir reden darüber nicht, weil wir akut Hilfe bräuchten, sondern weil wir aktiv darüber nachdenken wollen, was wir machen können.

Norman Die Eingangsfrage war ja gewesen, was die Themen sind, die fehlen. Und gerade dachte ich, für das nächste Buch, wär ein Kapitel zu Geheimnissen total spannend. Denn da reden wir tatsächlich nie drüber.

Zora Logisch.

Norman Ich vermute, dass ich nicht der Einzige bin, der auch manchmal ein Geheimnis vor der Coop hat. Aber das haben wir noch nicht thematisiert. Da könnte man viel lernen. Über uns. Aber auch darüber, was die Themen sind, die hinter den Geheimnissen stehen.

Kerstin Die Frage ist schon, ob wir manchmal wie eine Sekte rüberkommen. Sich zwanzig Jahre alle sechs Wochen zu treffen, ist natürlich kein Standard. Bei vielen Projekten geht es darum, alles zu vergemeinschaften, bis hin zu Wohnraum und Alltag. Darum geht es bei uns nicht. Deswegen frage ich mich: Ist das nachvollziehbar, dass man trotzdem immer weitermacht und anders weitermacht? Ohne sich auf etwas Feststehendes zuzubewegen? Was hält diese Gruppe zusammen?

Tom Das ist eine gute Frage.

Kerstin Ich fände gut, die zu beantworten, weil es natürlich auch um Freiheiten geht, die wir uns geben, oder um Geheimnisse, die wir uns lassen. Den nicht geteilten Alltag. Die Nicht-Kontrolle. Ist das die Offenheit oder der Freiraum der selbst gewählten Offenheit, die wir miteinander teilen wollen? Gleichzeitig geht es um eine gewisse Verantwortung. Was auf dem Konto verschwindet und eintrifft, ist irgendwie nachvollziehbar. Dass man sich absprechen muss, was die eigenen Bedürfnisse angeht, dass man nicht einfach irgendwas für sich allein durchziehen kann – das alles ist nachvollziehbar. Aber ich finde es gut, auch über die unausgesprochenen Aspekte nachzudenken, die uns verbinden, weil das Fragen des Selbstverständnisses sind, die zwar im Hintergrund liegen, über die wir aber nicht täglich reden. Das sind Dinge, die gesetzt sind und die wir nicht hinterfragen. Dazu gehören eine bestimmte Sprachlichkeit und auch verbindende Erfahrungen wie zum Beispiel die Erfahrung von Brüchen. Unser aller Gerangel mit einer Herkunfts-Chose. Das stiftet Verbindungen, die uns dazu bringen, alle sechs Wochen 500 Euro für Bahnfahrten auszugeben, damit wir uns treffen können. Da fragt man sich vermutlich als Außenstehende*r, warum man das tut. Aber wenn wir das sparen würden, könnte man das so nicht machen. Es gibt Aspekte, die auf den ersten Blick total bekloppt erscheinen mögen. Aber trotzdem machen sie Sinn im Rahmen unseres Modells, wie es eben ist.

Den Tisch umwerfen

[Der abschließende Teil des Gesprächs zum Thema Utopien kreist um eine Äußerung des französischen Soziologen Pierre Bourdieu (1930–2002). Sie stammt aus einem Interview, das der Hessische Rundfunk mit Bourdieu im Jahr 1983 über sein Werk »Die feinen Unterschiede« (frz. *La distinction*, 1979) geführt hat.

Bourdieu Ich meine, um das Problem von Revolutionen wirklich zu begreifen, darf man nicht übersehen, dass innerhalb des sozialen Feldes fortwährend Bewegungen im Gange sind. Die Menschen zirkulieren in ihm den Zwängen des Raumes entsprechend. Um zu verdeutlichen, was ich meine, bietet sich noch ein anderes Bild an: das eines Spiels. Der Raum, das sind die Spielregeln, denen sich jeder Spieler beugen muss. Vor sich haben die Spieler verschiedenfarbige Chips aufgestapelt – Ausbeute der vorangegangenen Runden. Die unterschiedlich gefärbten Chips stellen unterschiedliche Arten von Kapitel dar. Es gibt Spieler mit viel ökonomischem Kapital, wenig kulturellem und wenig sozialem Kapital. Die sind in meinem Raumschema rechts angesiedelt auf der herrschenden, der ökonomisch herrschenden Seite. Am anderen Ende sitzen welche mit einem hohen Stapel kulturellem Kapital, einem kleinen oder mittleren Stapel ökonomischem Kapital und geringem sozialem Kapital. Das sind eher die Intellektuellen. Und jeder spielt entsprechend der Höhe seiner Chips. Wer einen großen Stapel hat, kann bluffen, kann gewagter spielen, risikoreicher. Mit anderen Worten, die Spielsituation ändert sich fortwährend, aber das Spiel bleibt bestehen. Wie auch die Spielregeln. Die Frage ist nun, gibt es Leute, die daran Interesse haben, den Tisch umzuwerfen und damit dem Spiel ein Ende zu machen. Das kommt wohl sehr selten vor. Ich frage mich, ob das überhaupt jemals der Fall war. Was stattfindet, das sind Auseinandersetzungen um eine Neubewertung der Chips. Auseinandersetzungen darum, ob ein Chip ökonomisches Kapital wirklich drei Chips kulturelles Kapital wert ist. In meinen Augen sind viele Revolutionen ausschließlich Revolutionen innerhalb der herrschenden Klasse. Das heißt, in den Kreisen, die Chips besitzen und die auch mal auf die Barrikaden steigen, damit ihre Chips an Wert gewinnen.]

Norman In Vorbereitung auf diese Sitzung ging es um Tische.

Zora Revolution oder Reformismus.

Norman Als Jan anfing zu lamentieren, dass die Welt doch eigentlich gar nicht so schlimm ist und wir [als Finanzcoop] es eigentlich total gut machen. Wir haben uns intensiv über unsere Eindrücke zum Zeitgeschehen unterhalten. Das sterben lassen von Menschen an den EU-Außengrenzen und den Rechtspopulismus. In dem Kontext hat Jan gesagt, was ich gerade zugespitzt zusammengefasst habe. Was mich wiederum zu Bourdieu gebracht hat, der in einem Interview gesagt hat: Niemand wirft den Tisch um. Dieser Gedanke aus dem Interview ist mir in den letzten anderthalb Jahren der Arbeit an dem Buchprojekt ganz oft durch den Kopf gegangen. In allen Zusammenhängen, in denen ich aktiv bin, heißt es, wir müssen jetzt in Anbetracht der aktuellen Entwicklungen ganz viel machen. Es gibt lauter Ideen. Und dabei werde ich den Gedanken nicht los, dass das, was wir machen, also nicht nur in der Finanzcoop, sondern auch in meinen Politzusammenhängen oder auch an der Uni, dass das die Sachen sind, die wir schon die ganze Zeit machen. Seit zwanzig Jahren gibt es eine Bildungsarbeit, die versucht, das zu verhindern, was jetzt passiert. Und es passiert trotzdem. Und es gibt so ein Arrangieren darin, ich bin arrangiert darin und ich schmeiße auch nicht den Tisch um. Und dann kam die Frage: Was wäre das eigentlich, den Tisch umzuschmeißen?

Tom Dann wäre das Aufnahmegerät vielleicht kaputt.

Norman Die Dinge könnten einfach nicht so weitergehen wie vorher, wenn der Tisch umgeschmissen würde. Bei uns gehen die Dinge eigentlich immer einfach so weiter. Manchmal wird etwas umgestellt und manchmal ist vielleicht auch alles leer, aber der Tisch selbst bleibt stehen.

Jan Aber die spannende Frage wäre ja, was wäre passiert, wenn das halbe Tischwackeln nicht passiert wäre. Wäre es nicht noch viel schlimmer? Wie viel macht man vielleicht trotzdem gut, wenn man jetzt zwanzig Jahre Bildungsarbeit macht. Was wäre eigentlich, wenn es diese Arbeit nicht gegeben hätte. Wo wären wir dann heute? Und es gab ja schon Tischumstürze und danach ist es ja auch nicht besser geworden.

Norman Man kann das verbinden mit der Frage: Kapitalismus abschaffen – ist das noch eine Forderung? Das haben wir im Alter zwischen 16 und 25 Jahren mit großer Selbstverständlichkeit rausgebrüllt, aber wie wollen wir uns eigentlich jetzt dazu positionieren? Und da ist mir aufgefallen, dass uns gar nicht mehr viel einfällt, was eine alternative Idee dazu wäre. Von der man sagt, die könnte man jetzt vertreten. Und dass wir zur Frage, was wäre, wenn wir den Tisch umschmeißen, eigentlich keine großen Einfälle mehr haben. Wir sind schon so verwickelt, dass wir gar keine ganz radikalen utopischen Ideen mehr haben, wie so ein System funktionieren könnte, das nicht das ist, in dem wir leben.

Gerd Na, wir haben uns halt eingerichtet in dem System.

Kerstin Was wir ebenfalls thematisiert haben – auch wenn wir das natürlich nicht beantworten konnten – war die Frage von Systemsturz/Revolution versus Reformismus: Kann man das eine machen, ohne das andere aus dem Blick zu verlieren? Sollte man das eine verfolgen und deswegen das andere nicht ausschließen? Ich würde schon sagen, dass ich das Leben in einem anderen System kenne [das Leben in der DDR]. Da bin ich drin aufgewachsen. Aber das war jetzt auch nicht nur geil. Es kommt darauf an, wie ehrlich man das angeht und wie sehr das eigene Leben auch vom jeweiligen System abhängt. Also nur zu sagen, ja, können wir uns nicht vorstellen, stimmt ja nicht. Klar können wir uns was vorstellen, aber es muss natürlich auch ehrlich sein.

Jan Ich glaube, wir sind weg davon, zu sagen, wir schmeißen den Tisch um und dann wird alles gut. Sondern ich denke schon, es wäre wahnsinnig viel Arbeit, wenn der Tisch mal umgeschmissen ist, dass dann etwas Gutes daraus erwächst. Das ist kein Selbstläufer. Nur weil es die Revolution gibt, wird die Welt nicht besser. Sondern dann muss man richtig was tun.

Gerd Na, du kannst ja keine Tische umschmeißen ohne Kollateralschäden. Das geht nur, wenn es dir egal ist, was du an Guten oder Unschuldigen mit reinreißt.

Tom Ich weiß tatsächlich nicht, ob das Tisch-Umschmeißen die richtige Strategie ist. Weil wir in der Situation, die danach kommt, nicht vorbereitet sind, weil wir zu wenige sind.

Kerstin Ich finde es trotzdem interessant, wie viele weitergehende Metaphern an dieser Tischsturz-Metapher drankleben. Sie ist ein Versuch zu begreifen, womit wir hadern, was wir eigentlich sagen wollen und wo wir eigentlich hinwollen. Was wäre denn, wenn der Tisch umfällt? Dann fällt er halt um. Na, dann kaufen wir halt frisches Geschirr. Ich finde, die Vorstellung vom umgestürzten Tisch macht die Komplexität des Ganzen deutlich. Es geht aber auch darum, davor erst einmal nicht zu kapitulieren. Trotzdem weiterzumachen. Und es geht aber auch um das, was Norman heute Nachmittag gesagt hat: Wer beschäftigt sich eigentlich noch mit Konzepten und Ideen? Oder warum eben nicht? Wo geht die Kraft eigentlich hin? Es ist vieles da, aber man muss es sich halt erschließen. Und die Sprache wiederfinden. Und das findet unter einem gesellschaftlichen Druck statt, den wir jetzt nicht mehr *so* unmittelbar erleben (oder nicht erleben mussten) durch die kleine Gemeinschaft, die wir uns gebaut haben. Aber das ist für viele andere ja kaum noch möglich: sich überhaupt mal wegzubewegen vom ständigen *struggle* hin zu »Stimmt, da könnte man eigentlich auch mal drüber nachdenken«. Ich habe das Gefühl, dass es gerade jetzt, im Angesicht der gesellschaftlichen Polarisierung, Momente gibt, wo sich Dinge durchaus auch auf positive Weise polarisieren. Fühlen tue ich das nicht, aber wenn ich mich wirklich damit beschäftige, merke ich das. Und das ist auch der Wunsch, den ich für dieses Buch habe. Auch wenn ich mir das weltweit angucke, wo das Rechtskonservative gewinnt, gewinnt und gewinnt, kann man trotzdem feststellen: Es gibt da diesen anderen Block.

Jan Da wollen wir ein Gewicht auf der Waage sein.

Kerstin Ja, das wollen wir auf die Waage schmeißen.

Branka Und deswegen ist ja auch gut, dass das Buch jetzt rauskommt. Wir haben früher immer wieder Veranstaltungen gemacht und Zeitungsartikel. Das fanden wir eigentlich immer gut, aber in den letzten Jahren haben wir das eigentlich wenig gemacht.

Jan Wir sind nicht die, die nach draußen gehen, und sagen: »Hey, das ist geil, macht das mal!« Ich glaube, so sind wir nicht. Keiner von uns. Wenn uns jemand fragt, promoten wir das natürlich. Aber es gibt keinen missionarischen Drang.

Kerstin Ich hab enorme Probleme mit allem, was mir auf eine Art missionarisch angetragen wird. Ich bin auch froh darum, dass wir das nicht haben. Aber es suggeriert auch eine gewisse Bewegung, den Tisch umzuwerfen. Eine Heftigkeit. Und, das finde ich, das ist unsere Finanzcoop eben nicht.

Jan Wir bewegen uns ganz, ganz, ganz, ganz langsam.

Gerd Ich würde Kerstin da unterstützen. Da agieren wir zu introvertiert.

Kerstin Ja, introvertiert. Wir nehmen das, was um uns passiert, nicht unbedingt mit in jede Entwicklungsstufe, die wir nehmen. Ich würde sagen, so wie sich die Gesellschaft in autoritärem Maße verändert, das nehmen wir nicht mit. Wir reagieren da nicht drauf. Wir machen einfach so weiter auf Grund der Freiheiten oder des Freiraums, den es gibt, den wir uns geschaffen haben.

Jan Das weiß ich nicht. Ich finde schon, wir reagieren ein Stück weit, dadurch, dass wir nicht wie viele andere sagen, »dann ziehe ich mich jetzt halt zurück ins Private«. Die Möglichkeit haben wir gar nicht.

Gerd Nein, für uns selber können wir schon mit dem Wachturm an der Straße stehen. Aber nicht nach außen hin in der festen Überzeugung, das ist für alle das A und O. So funktioniert es und so funktioniert es für alle. Trotzdem wäre es schön, wenn das für alle funktionieren würde. Oder zumindest in einem größeren Rahmen.

Zora Es gibt dieses Paradox, dass Geld in dieser kapitalistischen Welt überall präsent ist und dass es für alle in ihrem eigenem Leben total wichtig ist, aber dass man gerade auch in linken, alternativen Kreisen total wenig darüber spricht. Oder dass auch in privaten Kontexten oder in Wohnprojekten die Meinung rausgeplärrt wird, dass natürlich alle gleich viel Geld einbringen müssen. Das finde ich irre, dass sich Leute, die sich auf anderen Ebenen total viele gute Gedanken machen, dann beim Thema Geld auf einmal wahnsinnig unreflektiert sind. Die haben vielleicht Marx gelesen und können tolle Artikel schreiben, aber im persönlichen Umgang mit Geld und Klasse sind sie total unbeleckt. Das ist etwas, wo viele vielleicht einen Aha-Effekt haben oder zumindest eine kleine Störung empfinden könnten. Das finde ich auf jeden Fall gut.

Jan Egal, mit welcher Klientel man spricht, egal, ob das jetzt meine Eltern sind, Leute aus dem Dorf oder von irgendwo anders oder aus dem linken Spektrum. Man ist als Finanzcoop letztlich überall eine Störung. Wenn auch auf unterschiedliche Weise.

Kerstin Was wir aktuell sehen, ist eine Art Rückwärtsbewegung, die alle mitnimmt. In dem Zusammenhang gibt es auch ein Panikmoment, das enorm gefährlich ist, weil es so viel Angst und Bewegung mit sich bringt, die nichts mehr festhält. Es mag sein, dass ich mich jetzt in unserer Unterhaltung ein bisschen im Kreis drehe, aber ich habe das Gefühl, dass wir [als Finanzcoop, aber auch als Repräsentant*innen einer alternativen, linken Szene] sehr viel festhalten: Ideen des Kollektiven oder von Solidarität, Ideen zu alternativen Beziehungsformen, die das Leben und Wohnen betreffen. Und das sollten wir dann auch festhalten und als eine ständige und stetige Kraft verteidigen. Das tun wir schon, aber das müsste man noch viel mehr tun. Vielleicht lässt das auch Rückschlüsse zu, wie wir mit unserem Projekt nach außen gehen wollen. In dem Sinne, dass wir hier nicht etwas Abgefahrenes machen, sondern dass wir hier ganz schön was festhalten. Wir haben eine Basis geschaffen, von der aus man sich vielleicht auch aufstellen kann.

Jan Also ich finde auch, wir haben uns etwas geschaffen. An unterschiedlichen Stellen.

Norman Ja, aber jetzt dreht es sich im Kreis. Entschuldigung, ich denke jetzt wieder: Aber das reicht doch nicht!

Zora Nein, das reicht niemals. Aber was heißt das für die*den Einzelne*n? Klar, reicht es nicht.

Kerstin Wir suchen doch nach dem, was es heißt, wenn es nicht reicht. Was man dann macht.

Norman Manchmal fühle ich mich auch wieder wie 16. Ich finde, das Drumherum verschlechtert sich. Auch wenn es sicher falsch ist, davon zu reden, dass alles immer schlechter wird. Das stimmt einfach nicht, das ist Quatsch. Wir haben uns vor zwanzig Jahren über bestimmte Dinge genauso aufgeregt, genauso enthusiastisch wie jetzt. Das hat auch seine Berechtigung. Da ging es darum, dass die Linke das Gefühl hatte, es würde ein Schlussstrich unter die NS-Aufarbeitung gezogen, es gab die Pogrome in Rostock und anderswo und dazu eine breite rassistische Mobilisierung. Was sich gerade verändert, finde ich, ist die Institutionalisierung des Rechtsextremismus und tatsächlich dieses Grenzregime und diese Abschottung und dass Menschen einfach ertrinken. Vielleicht während wir hier rumsitzen beim Essen. Und ich fühle mich manchmal damit verbunden, dass das passiert. Und ich habe das Gefühl, ich tue einfach nichts dafür, damit sich das ändert. Und das macht mich melancholisch oder müde oder ich weiß nicht genau.

Zora Das geht mir genauso, aber mit anderen Themen wie dem Klima oder mit der Textilfabrik in Bangladesh. Das ist ja nicht nur das eine Thema, oder letztlich: vielleicht doch. Aber irgendwie habe ich manchmal das Gefühl, dass die Empörung darüber nicht mehr als altersgemäß angesehen wird.

Jan Ich finde wichtig, dass wir nicht in einer Melancholie erstarren à la »Wir können nichts machen«. Sondern dass wir trotzdem versuchen, etwas zu tun im Rahmen der Möglichkeiten, die wir haben. Die sind eben begrenzt, aber auch nicht so begrenzt.

Norman Ich glaube, eigentlich sind wir ziemlich träge. Das ist – vielleicht!? – aber auch okay. So, wie es ist.

Jan Ja, das sind wir. Klar. Ich glaube, wenn wir nicht so träge wären, hätten wir nicht zwanzig Jahre Finanzcoop gemacht.

Nachwort

Bini Adamczak

Der Herkunft bei ihrem Griff nach der Zukunft auf die Finger hauen

Von Brecht stammt der Satz, der Kommunismus sei das Einfache, das schwer zu machen ist. Glauben wir den Autorinnen dieses Buches, ist die Finanzkooperative das Schwere (und Radikale), das sich überraschend einfach machen lässt: eine simple Entscheidung (alle legen ihr ganzes Geld in einen Topf), die zwar nicht alles verändert, aber doch einiges. Durch Solidarität schafft die Finanzkooperative Stabilität, Kontinuität und eine besondere Form der Kollektivität. Dabei folgt sie – in der Tat – einem kommunistischen Grundsatz: jede nach ihren Fähigkeiten, jede nach ihren Bedürfnissen.

In ihrem kleinen bis sehr kleinen Rahmen reduziert die Finanzkooperative Individualisierung und Klassenhierarchie. Vor allem Letzteres – die Überbrückung von Klassenklüften – ist ihr wiederholt formulierter Anspruch: für die Gegenwart – der Verantwortung und Einkommen – wie für die Vergangenheit – der Erwartungen und Erbschaften (ein Erbe, das hier in Deutschland nicht nur auf die Tradition von Ausbeutung verweist, sondern auch auf die der Vernichtung). Es geht darum, die aktuelle Ungleichheit abzumildern, und darum, der alten Herkunft bei ihrem Griff nach der Zukunft auf die Finger zu hauen. Das heißt auch, ihr zunächst auf die Finger zu schauen – also zu registrieren und zu reflektieren, wo die Klassensozialisation sich zeigt, in Kleidung und Körper, in Ansprüchen und Gewohnheiten, in Schuld und Scham, in Wissensformen: Wird das Croissant geschnitten oder getunkt und was ist überhaupt ein Croissant? Hängt das im Museum? Neben dem Giacometti? Und andersrum: Was ist ein Wohnberechtigungsschein? Oder ein Vierkantschlüssel? In den Dörfern Westdeutschlands reicht es oft, aus dem Fenster zu schauen, um auf der einen Seite Bauernschaft, auf der anderen das Bildungsbürgertum, hier Geldadel, dort Neureiche zu entdecken. Manchmal geht die Begegnung mit einer Klassengrenze auch noch leichter und es genügt, das WG-Zimmer zu wechseln. So in der Wohnung, in der diese FC ihren Anfang nahm. Denn die Bewohnerinnen der WG, die eines Tages beschlossen, sämtliche Einnahmen in einer Küchenkasse zu sammeln und gemeinsam über die Ausgaben zu entscheiden, hatten sehr verschiedene Herkünfte – und damit nicht nur verschiedene Einkünfte, sondern vor allem verschiedene erwartbare Zukünfte. Darin hat diese Finanzkooperative auch eine ihrer Voraussetzungen. Eine eher unwahrscheinliche Voraussetzung – denn dass in einer WG, die vornehmlich aus Studierenden besteht, relevante Klassenunterschiede aufeinandertreffen, ist angesichts der niedrigen sozialen Mobilität in Deutschland bereits ungewöhnlich. Auch ohne das Überbrücken dieser Klassenschranken wäre eine Finanzkooperative möglich – vielleicht sogar leichter –, aber sie verlöre etwas von der Kraft, mit der die hier beschriebene sich quer zu bestehenden Machtverhältnissen stellt. Und damit auch etwas von der Schönheit dieses solidarischen Verteilungsvereins.

Aber um was für eine Vereinigung, um welche Art der Kooperation handelt es sich hier eigentlich? Die Finanzkooperative ist eine besondere Beziehungsweise, die vor allem darin besteht, die individuell ungleichen Einnahmen zusammenzulegen und über die Ausgaben auf Grundlage der Gleichheit aller Beteiligten gemeinsam zu entscheiden. Sie unterhält eine Vielzahl von Beziehungen zu anderen Beziehungen, die sie berührt, durchkreuzt und irritiert: vor allem die Beziehungen der Herkunfts- und Wahlfamilie, der Partnerschaft und Mitbewohnerinnenschaft, aber auch, weniger, die Beziehungen der Lohnarbeit, des Rechts, der staatlichen Bürokratie. Doch was für eine Beziehungsweise ist die Finanzkooperative? Ist sie eine bessere Ehe? Eine postpatriarchale Vielehe mit Fernbeziehungscharakter? Ist sie eine Art Familie? Eine gewählte Familie, die sich statt alle sechs Monate alle sechs Wochen trifft? Stiftet sie eine freundschaftliche Familiarität? Oder, wie es eine Kooperatistin sagt, eine familiäre Freundschaft?

Die verschiedenen Worte wie Wortverbindungen verweisen neben dem Mangel an verfügbaren Begriffen zunächst auch auf das Kräfteverhältnis dieser Gesellschaft. In einer anderen Gesellschaft würde die Frage eher lauten, was denn eine Familie sei. Und die Antwort klänge vielleicht so: etwas Ähnliches wie eine Finanzkoop, aber mit weniger Leichtigkeit und Wahlmöglichkeit. Die Finanzkooperative wäre nicht erklärenswert, sondern hätte selbst erklärenden Charakter. Ähnlich, wie es für ein FC-Kind so viel einleuchtender und durchsichtiger ist, dass das Geld für Eis aus einer gemeinsamen Kasse kommt, in die alle Mitglieder etwas hineinwerfen, als – gänzlich magisch – aus einem Portemonnaie. Es ist aber zugleich kein Zufall, dass die Begriffe, mit deren Hilfe die Finanzkoop beschrieben wird, eher dem Bereich der Reproduktion oder der Privatsphäre entstammen als der des Staates, des Finanzwesens oder der Lohnarbeit (das dürfte auch der Grund sein, warum hier Scham und Konflikte besonders groß sind, warum es einem »Coming-out« gleicht, der Herkunftsfamilie über die FC zu berichten). Von den drei großen Bereichen der klassischen Ökonomie – Produktion, Distribution (Zirkulation) und Konsumtion – beschränkt sich die Finanzkoop vor allem auf den mittleren. Wir wissen, dass die Kooperativistinnen alle zwei Jahre zusammen Urlaub machen und alle sechs Wochen gerne teuren Käse essen (als sie noch zusammenwohnten, dürften sie auch öfter gemeinsam gekocht und die sonstige Reproduktionsarbeit geteilt haben). Darüber hinaus findet die Konsumtion aber nicht innerhalb der Kooperative statt, ebenso wenig wie die Produktion, die bei einigen Kooplerinnen durchaus im Kollektiv (also in egalitär-demokratischer Kooperation) organisiert wird, jedoch nicht im Rahmen der FC. Tatsächlich sprechen die Mitglieder der Finanzkooperative auch über Produktion und Konsumtion, über Arbeit und Bedürfnisse, aber sie sprechen über beides genau an deren Schnittstelle, das heißt im Hinblick auf ihre Vermittlung: Welche Bedürfnisse können wir durch die gegebene Arbeit befriedigen? Dabei geht es allerdings nicht um die konkreten Arbeiten der Kooplerinnen als Ärztin, Agent für Bands, Journalistin etc. Dann nämlich lebten die Mitglieder der FC medizinisch wie musikalisch zwar bestens versorgt und publizistisch vorzüglich informiert, könnten aber sonst recht wenige Bedürfnisse befriedigen. Die Sitzungen der FC handeln also nicht von allen Bedürfnissen, sondern von bestimmten, nämlich durch Geld befriedigbaren Bedürfnissen und sie handeln weniger von konkreter Arbeit als von abstrakter Arbeitszeit. Von entlohnter, bezahlter Arbeitszeit handeln sie. Kurz, es geht ums Geld. Nicht ganz überraschend, schließlich haben wir es nicht mit einer Produktions- und Konsumtionskooperative zu tun, sondern mit einer *Finanz*kooperative. Das könnte auch der Grund dafür sein, dass sich der Leserin vielleicht, sicherlich jedoch mir der Eindruck aufdrängt, in diesem Buch fehle ein Herzstück: die Buchhaltung nämlich, die Exceltabellen, die Finanzausgleiche und Kontoauszüge.* Die FC wird zwar nicht über das Geld zusammengehalten, wie eine Kooplerin formuliert. Aber doch über eine spezifische Beziehung zum und gegen das Geld. Aber was bedeutet es, eine kollektive Kooperation, eine politische Praxis mit antikapitalistischem Anspruch gerade um das Geld herum zu spinnen? Ähnlich vielleicht wie ein Spendenkonto oder eine *Tobin tax*, ein sozialistischer Sparverein, eine Genossenschaftsbank? In der inneren Beziehung zwischen den Kooplerinnen ist das Verhältnis zum Geld eines des Verteilens und Ausgleichens, in der äußeren Beziehung zu den Dingen ist es vor allem ein Verhältnis des Ermöglichens oder Verhinderns, des Eröffnens oder Begrenzens. Das Geld, das – wie auch immer – im Zentrum der FC steht, bestimmt die Diskussion um die Bedürfnisse wie um die Arbeit. Denn das Bedürfnis wird hier zuallererst in Beziehung gesetzt zu einer Geldmenge, die begrenzt ist und kollektiv. Dadurch wird das Bedürfnis zugleich in Beziehung gesetzt zu den Bedürfnissen anderer Menschen, mit denen

* Die Anmerkung in konstruktiver Absicht aufgreifend findet sich auf Seite 187 des Buches die Übersicht einer sogenannten »Kohlerunde« der FC.

es in kritischer, solidarischer und egalitärer Weise verhandelt wird. Das trifft auch auf das Bedürfnis nach Arbeit zu. Entsprechenden Kassenstand vorausgesetzt können sich die Mitglieder der FC eine Arbeit suchen, die eher ihren Bedürfnissen – vor allem nach Flexibilität, nach Freiheit – entspricht, weil das Bedürfnis nach Sicherheit schon etwas abgedeckt ist. So können die Mitglieder der FC es sich leisten, dem Leistungszwang zu entsagen.

Der ursprüngliche Plan, sich auch mit der Lohnarbeit einfach abzuwechseln, mal die einen arbeiten, die anderen faulenzen zu lassen, lässt sich innerhalb einer Klassengesellschaft jedoch nicht so einfach realisieren. In einer kapitalistischen Demokratie hat zwar jeder Mensch eine Stimme, aber die Arbeitsstunde des einen Menschen zählt so viel wie drei oder fünf, zwölf oder auch zwölftausend Arbeitsstunden des anderen Menschen. Für die Finanzkooperative sind diese Seltsamkeiten oder Ungerechtigkeiten zwar eine Hürde, jedoch kein Hindernis. Sie kann mit ihnen planen oder, genauer gesagt, sie kann mit ihnen rechnen. Die FC, selbst kein Arbeitskollektiv, vermag Produktionskollektive, abhängig Beschäftigte sowie Freiberufler miteinander zu verbinden. Ebenso wie sie, selbst keine Wohngemeinschaft, das Wohnen in WGs mit dem Wohnen in Single-Haushalten oder im familiären Eigenheim verbinden kann. Dabei folgt sie, nach Aussage der Koplerinnen, dem »Leitbild größtmöglicher Freiheit«, einem »stark reflektierten *anything goes*«. Woher bezieht die FC diese beeindruckende Fähigkeit zu Dehnung und Bindung? Könnte diese Fähigkeit etwas mit dem Geld zu tun haben? Finden sich deshalb häufig einfache Lösungen für komplexe Fragen (wie die Einrichtung eines Extra-Kontos für die neu entstandene Kleinfamilie)? Mathematische Lösungen für soziale Probleme? Wären die Diskussionen heftiger, die Ausschlüsse und Austritte häufiger, wenn es nicht darum ginge, ein gemeinsames Konto zu verwalten, sondern ein politisches Programm, eine Verfassung? Wenn um Buchstaben gefeilscht würde und nicht um Zahlen und Ziffern? Lassen sich Ideen schwerer miteinander verbinden als Euros? Was ist dieses Geld, das in in dieser Geschichte eine umstrittene Hauptrolle oder zumindest Hauptnebenrolle spielt?

Hans-Georg Backhaus, der sich in seiner Lebenszeit vielleicht intensiver mit dem Geld auseinandergesetzt hat als irgendein anderer Mensch, nennt es ein Rätsel, das Geldrätsel (Backhaus, 22). Ein Rätsel, das die bürgerliche Ökonomie kaum je anzurühren wage. Ihre Lehrbücher zählen zwar immer wieder die verschiedenen Geldfunktionen auf – Maß der Werte, Aufbewahrungsmittel, Tauschmittel usw. –, können aber schlicht nicht sagen, was das Geld eigentlich ist. Dieses Ding, das zugleich kein Ding ist? Diese bloße Idee, die unübersehbar einen Körper hat? Dieses allgemeine gesellschaftliche Verhältnis, das sich im Portemonnaie spazieren führen lässt? Diese besondere Ware, die zugleich alle Waren ausdrückt? Diese Realabstraktion? »Es ist, als ob außer und neben Löwen, Tigern, Hasen [bzw. Quallen, Salamandern und Pandas] auch *noch das Thier* existierte«, sagt der Geldrätselforscher Karl Marx (Marx, 37). Als ob neben dem Tisch, dem Schrank und dem Stuhl *noch das Möbel* existierte. Als ob neben Messer, Gabel und Löffel *noch das Besteck* läge. Es gibt, analysiert Marx, konkrete Arbeit, Pakete austragende Arbeit etwa, Datschen reinigende Arbeit, Krankheiten heilende Arbeit. Und es gibt abstrakte Arbeit, allgemein menschliche Arbeit, also alle konkreten Arbeiten auszeichnende Arbeit. Letztere ist es, als gesellschaftlich durchschnittlich notwendige, die den Wert bestimmt und die im Geld zu sich kommt. »Das Geld«, formuliert die Sprachphilosophin Sybille Krämer, »hat alle Inhaltlichkeit als ein konkretes Gut abgestreift, es ist die Inkarnation einer Entleerung von aller Qualität« (Krämer, 6). Es kann, mit anderen Worten, sogar Kinder und Motorräder auf einen Nenner bringen. Denn: Mit dem Geld lässt sich alles kaufen. Die Kaffeeverkäuferin wird uns nicht eines Tages antworten: Nun, der Kaffee kostet 2 Euro, aber die Milch kann ich nur gegen Zeichnungen oder Boxstunden hergeben. Der Masseur wird uns nicht eines Tages mit der Aussage überraschen: Die Schultermassage kostet 30 Euro, aber die Fangopackung kann ich nur im Tausch gegen vier Cappuccinos anbieten. Denn das Geld lässt sich in ausnahmslos alle Waren tauschen. Mithilfe von ihm lassen sich alle Arbeiten kommandieren (zumindest alle Arbeiten, die bezahlt werden), es ist Anweisung auf die Arbeitskraft anderer Menschen. Deswegen stimmt der einfache Satz: Geld ist Macht – Macht, Bedürfnisse zu befriedigen (und sei es nur das Bedürfnis nach Macht). Wenn der Warencharakter der Ware darin besteht, einen Preis zu haben, für den Verkauf produziert zu sein, wenn der Warencharakter darin besteht, nicht das Bedürfnis der Produzentin zu befriedigen, sondern das einer von dieser getrennten Konsumentin, dann erhält dieser Warenchakter im Geld seine eigene Form, seinen eigenen Körper. In ihm verkörpert sich ein eigenartiger Widerspruch des Kapitalismus: die gesellschaftliche Produktion findet als Privatproduktion statt. Die Privatproduzentinnen produzieren zwar auch, um gesellschaftliche Bedürfnisse zu befriedigen, aber sie tun das getrennt voneinander und in Konkurrenz zueinander für einen Markt, nicht in Kooperation von Produzentinnen und Konsumentinnen, nicht füreinander in gemeinsamer Absprache. Deswegen gilt andersrum: Würden Produzentinnen und Konsumentinnen zusammenkommen, um in gemeinsamer Absprache beschließen, mit welchen Arbeiten sie welche Bedürfnisse befriedigen wollen, dann bräuchten sie dafür kein Geld. Sie könnten direkt miteinander sprechen. Diese Analyse ermöglicht noch ein anderes Verständnis des Geldes: Das Geld selbst ist eine Sprache. Schließlich ist auch die Sprache zugleich materiell und ideell, ist Laut, Schrift, Material und zugleich Bedeutung, Sinn, Vorstellung. Zugleich besonders und allgemein vermag die Sprache fast alles zu bezeichnen und größte Differenzen durch einfache Verbindungen zu überbrücken. Das Geld ist die Sprache, durch die in der kapitalistischen Gesellschaft Arbeiten und Bedürfnisse miteinander vermittelt werden. Keine menschliche Sprache, sondern eine dingliche Sprache. Eine Warensprache, Warengeldsprache, eine Geldsprache, die weniger mit Menschen in menschlicher Sprache als vielmehr mit Dingen in dinglicher Sprache spricht. Eine Sprache, die nur in einer ganz besonderen historischen Situation gesprochen wird (dem Kapitalismus). Schließlich müssen die Fragen, die in der Finanzkooperative gestellt werden, auch in anderen ökonomischen Beziehungen beantwortet werden, allerdings nicht *vor* denjenigen, die diese Fragen betreffen, auf den Esszimmer- oder Sofatischen, sondern »auf dem Markt«, also *hinter* ihren Rücken. Weil die Menschen im Kapitalismus nicht miteinander sprechen darüber, welche Bedürfnisse sie befriedigen wollen durch welche Arbeiten, spricht das Geld für sie und an ihrer Stelle. Es ist eine tote Sprache, die über die Geschicke der Lebenden entscheidet.

Was aber bedeutet es dann, über Geld zu sprechen? Und nicht nur über, sondern auch – zumindest in einigen Bereichen – anstelle des Geldes? Was bedeutet es, wenn sich sieben Menschen zusammensetzen, um die Sprache des Geldes in ihre Sprache zu übersetzen? Nicht die Fragen der Produktion und nicht die Fragen der Konsumtion, die die Finanzkooperative wie gehört nicht beantwortet, aber die Fragen der Distribution: Wie werden die Arbeitsprodukte auf die Bedürfnisse aufgeteilt, das heißt auch auf die Bedürftigen? Welches Bedürfnis hat welches Recht auf Befriedigung? Über welche Macht zur Bedürfnisbefriedigung verfügen welche Bedürftigen? Die Beantwortung dieser Fragen berührt auch Bereiche jenseits der Distribution: Neben der Bedürfnisbefriedigung noch die Frage der Bedürfnisgenerierung (Wenn du den teuren Bergkäse isst, sollte ich den vielleicht auch essen? Wenn du nach Ruanda fliegst, wo ich nicht hinwill, sollte ich mir dann nicht ein schwedisches Designerregal gönnen?). Neben der Frage der Verteilung der Arbeitsprodukte auch die Frage der Verteilung der Arbeitszeiten unter den Arbeitenden (Wenn ich in dieser Lebensphase weniger arbeite, arbeitest du dann mehr? Wenn ich in einer Stunde dreimal so viel verdiene wie du, können wir uns dann weniger Stunden von mir leisten?). Und neben der Frage, welche Bedürfnisse sich mit der verfügbaren Arbeitszeit befriedigen lassen, auch die Frage nach Erhöhung oder Absenkung der »Gesamtarbeitszeit« (Können wir den Urlaub noch finanzieren, wenn alle weniger arbeiten? Wollen wir alle etwas mehr arbeiten um später weniger zu arbeiten?).

Draußen, in der Welt des Kapitalismus, werden all diese Fragen in der schweigsamen Sprache des Geldes gestellt und verschwiegen beantwortet. Die Fragen von Wachstum und Stillstand, Bedürfnis und Begierde, Begrenzung und Verteilung etwa. Oder auch die Frage des Anteils. Das Geld legt einen Schleier um die Verteilung der gesellschaftlichen Ressourcen: Warum ist eine Arbeitsstunde das Zehnfache einer anderen wert? Woher kommt der Reichtum der Reichen eigentlich, wenn nicht aus »eigener« Arbeit? Dieser Schleier wird zusätzlich durch Vergeschlechtlichung und Rassifizierung naturalisiert (in der FC sind die beiden Großverdiener übrigens weiblich) und von einer sozialen Konvention verstärkt, die erstaunlich unangefochten in allen politischen Milieus gilt: Über Geld spricht man nicht. Wovon handeln die Schamgefühle, die das Geldgeheimnis bewachen? Welches gesellschaftliche Verhältnis kommt in ihnen zum Ausdruck? Geht es hier um die Frage, wie viel Macht ich habe im Vergleich zur Macht der anderen? Um die Frage, wo mein Platz ist in der sozialen Hierarchie? Um die Erkenntnis, dass unterschiedliche Menschen verschiedenen Wert haben, obwohl wir doch eigentlich alle gleich sein sollen vor dem Recht? Etwas davon und also vom herrschenden Wahnsinn steigt zu Bewusstsein, wenn die Geldsprache in menschliche Sprache übersetzt wird, wenn nicht nur über Geld gesprochen wird, sondern teilweise auch anstelle des Geldes.

Draußen, in der Welt des Kapitalismus, verwandelt sich das Geld unentwegt in Kapital, was es in der Finanzkoop nur in kleinem Ausmaß tut, dort, wo Geld verliehen wird. Es gibt Philosophinnen, die meinen, dass erst mit dem Geld als Kapital die Begierde auf die Welt komme, auf der sonst nur das Bedürfnis walte. Das konkrete, befriedigbare, stillbare Bedürfnis wird überflügelt von einer abstrakten, rastlosen, unendlichen Begierde, die sich auf alles richten kann und vor allem auf mehr davon. Von dieser unheimlichen Dynamik der Akkumulation, von ihrer Lust und Gier, die das Kommunistische Manifest und mit ihm die ganze Geschichte des Traditionssozialismus als Produktivkraft des Fortschritts bejubelt, ist in der Finanzkooperative wenig zu spüren. Hier geht es eher gemütlich zu, beschaulich, vielleicht auch nachhaltig. Im Gespräch über das Geld, in der Übersetzung der Geldsprache regieren das Bedürfnis und die Frage nach den Bedingungen seiner Befriedigung.

Dabei stellt sich auch die Frage nach dem Zusammenhang von Geld und Arbeit neu. Dieser Zusammenhang scheint im kapitalistischen Westen immer klar (»Wenn ich mehr Geld haben wollte, musste ich welches verdienen.«) und war im staatssozialistischen Osten objektiv unklar (»Man brauchte sowohl Arbeit wie Geld zum Leben, man hatte eben beides« – oder man war Arbeitsverweigerer, das heißt asozial, am Rande der Gesellschaft, mit einem Fuß im Knast). In der Finanzkooperative wird der Zusammenhang von Arbeit und Geld neu verhandelbar, weil die Individualisierungslogik Einzelarbeit-Einzellohn wenn auch nicht gekappt, so doch zumindest reflektiert ist.

Ist es Zufall, dass im institutionalisierten Gespräch über das Geld und anstelle des Geldes auch andere Themen berührt und behandelt werden, über die »man« im individualisierten Alltag des neoliberalen Kapitalismus nur selten spricht? Ähnlich tabuisiert wie das Geld? Neid und Missgunst, die Krankheit, die familiäre Kälte? Und, vor allem, der Tod, zu dessen »Gesamtschule« das Geld »integrativ« dazugehört (Jelinek, 68)? Schließlich ist Geld, wie Marx weiß, »tote Arbeit«. Ist es Zufall, dass die Finanzkoopler ungern, aber dennoch, über Themen sprechen, über die andere seltener sprechen: Patientenverfügungen, Altersvorsorge und Testamente? Unter den Superreichen dieses Planeten gibt es einen unter dem Namen Eskapismus bekannt gewordenen Trend, Vorbereitungen für die Zeit nach der Apokalypse zu treffen. Auch unter den weniger Wohlbetuchten finden sich sogenannte Prepper. Aber während diese Schießen üben und Einmachgläser horten, halten die Reichen immer einen Helikopter bereit, kaufen sich Bunker und abgelegene Inseln. Diejenigen, die nicht mal eine Wirtschaftskrise fürchten müssen, bereiten sich auf den Zusammenbruch der Weltordnung vor, auf Revolution und Bürgerkrieg. Diejenigen wiederum, die nicht mal ein Sparkonto haben, können sich diese Sorgen nicht leisten. Unter den *gilets jaunes*, deren Protest sich an einer neoliberalen »Ökosteuer« entzündete, zirkulierte der Spruch: »Ihr habt Angst vor dem Ende der Welt, wir vor dem Ende des Monats«. Auch Sorge erfordert Sicherheit. Der kollektive Zusammenhang der Finanzkooperative ermöglicht es, über Themen zu sprechen, an die prekarisierte Finanzindividuen vielleicht nicht einmal denken. So wie die Reichen sich Gedanken über die Apokalypse machen und die Armen über das Monatsende, so beschäftigt sich die Finanzkoop mit der Rente. Und zuweilen auch mit der Revolution. Das Bild des Tisches, der umgeworfen gehört, halte ich allerdings für ein falsches Bild. Revolutionen schmeißen keine Tische um. Sie sind heftige Bewegungen, ja. Solche, die Beziehungen zerreißen, aber auch solche, die Beziehungen stiften. Und bestehende Beziehungen ausdehnen. Beziehungen, die bereits existieren, vielleicht auch nur in Ansätzen, vielleicht nur in Nischen. Diese Beziehungen sollen erweitert werden, verdichtet werden. Und dabei auch verändert. Deswegen ist die hier gestellte Frage spannender, wie eine Welt aussähe, die durch eine globale Finanzkoop verbunden wäre.

»Die Idee ist gut, aber ich könnte das nicht« – ist die Reaktion, die Kooperativistinnen am häufigsten zu hören bekommen, wenn sie von ihrer Kooperative erzählen. Das ist auch die Reaktion, die ich bekommen habe, wann immer ich Menschen von diesem Buch erzählt habe. César Rendueles schreibt, der durchgesetzte freie Markt injiziere »unserem Sozialleben auch tödliche Dosen von Wahn und Irrationalität, da er uns der Möglichkeit beraubt, gemeinsam zu beraten und kollektive Entscheidungen zu treffen, die nicht das Nebenprodukt einer egoistischen individuellen Interaktion sind.« (Rendueles, 49) Wenn der Beziehungsweise des freien Marktes ein Wahn entspricht, dann braucht es für gewöhnlich einen anderen Wahn, um diejenigen, die ihm erlegen sind, aus ihrer auferlegten Isolation zu sprengen und in eine ökonomische Einheit zu zwingen. Dieser andere Wahn wird von den Radiostationen wie Fernsehsendern dieser Zivilisation als Liebe besungen. Und obwohl allen Beipackzetteln zu entnehmen ist, dass der Liebeswahn das Urteilsvermögen trübt, gilt es als weniger gewagt, sich ausgerechnet ihm anzuvertrauen, als mit ein paar guten Freundinnen, Kollegen oder Mitbewohnerinnen das Geld zu teilen. Wir sind sieben Milliarden. Da sind sieben Menschen nicht viel. Zumindest im globalen Norden umfassen Finanzkooperativen jedoch selten mehr als zwei Erwachsene. Demgegenüber sind sieben auch wieder nicht allzu wenig. Mehr als dreimal so groß wie eine Ehe und im Durchschnitt vermutlich um einiges demokratischer. Die romantischen Zweierbeziehungen, heißt es hier immer wieder, kommen und gehen, die FC bleibt.

Der kollektiv-kooperative Umgang mit dem Geld verändert das Verhältnis der Menschen zu Arbeit, verändert äußere wie innere Beziehungen sowie das Verhältnis zu den Dingen. In der Reflexion der FC ist der Fetisch der Waren das Glänzen des neuen Dings, das Logo, das Branding und der soziale Status, den es verspricht. Entzaubern lässt er sich durch Ernüchterung, durch die kollektive Reflexion auf die Bedürfnisse: Was ist ein Smartphone anderes als ein Telefon und brauche ich das wirklich, wenn ich auch einen Joghurtbecher benutzen kann, um über den Hof zu rufen? Doch draußen wie drinnen im Kapitalismus sind die Dinge immer auch mehr oder etwas anderes als bloße Dinge. Und auch etwas anderes als die Dinge des alltäglichen oder luxuriösen Gebrauchs. Sie sind sozial nicht nur in dem Sinne, dass sie eine hierarchische Ordnung zum Ausdruck bringen, dass sie Status vergeben und vermitteln. Als Waren sind Dinge immer, wie es eine Kooplerin formuliert, »Meta-Dinge«, sinnlich-übersinnlich. In einer Gesellschaft der Privatproduktion, in der also arbeitsteilig, aber zugleich in getrennter, isolierter Weise produziert wird, sind die Dinge als Waren immer auch Trägerinnen einer Botschaft, sie sind Elemente einer Verbindung, es sind Beziehungsdinge. In ihnen vermittelt sich das Bedürfnis der einen Menschen mit der Arbeit von anderen Menschen. Das Auto mit dem Namen »rote Schnecke«, die namenlosen Wanderschuhe, das gepflegte oder missachtete Fahrrad sind nie nur Gegenstände des profanen Gebrauchs. Sie bringen ihre Nutzerinnen vielmehr nur deshalb von A nach B, weil Generationen von weitverzweigten Arbeiterinnen dem Leder, dem Gummi, Metall und Plastik diese Fähigkeiten aufgeprägt haben. Nicht völlig selbstlos (sie wurden ja bezahlt), aber dennoch (nicht für sich, sondern für die Mitglieder der Finanzkoop – zum Beispiel). In einer Gesellschaft, in der die Re-/Produktion und Konsumtion auf ähnliche Weise organisiert wären wie die Distribution in der Finanzkoop, in der die Menschen also gemeinsam entschieden, auf die Befriedigung welcher Bedürfnisse die gesellschaftliche Arbeitskraft verwendet werden soll, wären die Dinge von dieser sozialen Last, die sie im Kapitalismus tragen, befreit. Sie wären gewissermaßen dinglichere Dinge und weniger soziale. Die Menschen andererseits wären vielleicht etwas menschlicher. Wäre die Welt eine einzige FC, sie sähe besser aus. Aber wäre diese globale Kooperative noch eine Finanzkooperative? Worüber würden die Menschen sprechen, wenn sie miteinander sprächen, statt das Geld an ihrer Stelle und für sich selbst sprechen zu lassen? Sicherlich nicht mehr über das Geld.

Literatur

Backhaus, Hans-Georg: Adorno und die metaökonomische Kritik der positivistischen Nationalökonomie, in: Andreas Gruschka/Ulrich Oevermann (Hrsg.): *Die Lebendigkeit der kritischen Gesellschaftstheorie. Dokumentation der Arbeitstagung aus Anlass des 100. Geburtstages von Theodor W. Adorno. 4.–6. Juli 2003 an der Johann Wolfgang Goethe-Universität, Frankfurt am Main*, Frankfurt a. M. 2004, S. 27–64.

Jelinek, Elfriede: Die Kinder der Toten, Reinbek bei Hamburg 1995.

Krämer, Sybille: Das Geld und die Null. Die Quantifizierung und die Visualisierung des Unsichtbaren in Kulturtechniken der frühen Neuzeit. In: Klaus W. Hempfer, Anita Traninger (Hg.): Macht Wissen Wahrheit, Freiburg 2005, S. 79–100.

Marx, Karl (1867): Das Kapital. Kritik der Politischen Ökonomie. Erster Band. Hamburg. In: Karl Marx, Friedrich Engels: Gesamtausgabe (MEGA), Abt. II, Bd. 5 (Textband). Berlin 1983.

Rendueles, César: Kanaillen-Kapitalismus. Eine literarische Reise durch die Geschichte der freien Marktwirtschaft, Berlin 2018.

Anhang

»Kohlerunde«

In der »Kohlerundentabelle« sind die monatlichen Fixkosten sowie die regelmäßigen Einkünfte hinterlegt und werden gelegentlich auf den aktuellen Stand gebracht. Außerdem werden darin Sondereinkünfte oder -ausgaben eingetragen, die bis zum nächsten Treffen anfallen.

Alle FC-Mitglieder haben Zugriff auf das gemeinsame Girokonto, auf das die Löhne überwiesen werden. Ein Sparbuch, auf das monatlich eine gewisse Summe zum Ansparen fließt, bildet einen Puffer für den Fall von zeitgleich anstehenden größeren Anschaffungen, mehreren zeitgleich stattfindenden Reisen etc.

In der »Kohlerunde«, die wir bei jedem Treffen machen, Dauer ca. 30 min, werden vor allem extra Einkünfte und extra Ausgaben ab 100,- Euro angesagt. Das dient der Übersicht; es besteht keine Relation zwischen individuellen Einkünften und Ausgaben.

Perspektivische Überlegungen/Bedürfnisse wie beispielsweise eine große Reise, eine längere Auszeit und Ähnliches werden eher außerhalb der Kohlerunde besprochen.

	A	B	C	D	E	F	G	H	I	J	K
1	**Fixkosten**										
2		Miete	Essen	Tel.	Vers.			Sonstiges	Sonstiges 2	Und sonst	Zusammen
3	Branka	435 €	200 €	30 €		109 €	10 €	6 €		135 €	925 €
4						Verbände/Haftp	Kinder	Vereinsspende		Sport/Geige	
5	Jan	450 €	115 €	30 €	420 €	190 €			10 €		1.215 €
6					KK	Rente			DAV		
7	Zora	650 €	300 €	20 €	230 €	115 €	125 €	180 €	25 €	Schuldenrück	1.645 €
8					Kita	Verbände	Kinder/Putzer	Psycho	Auto	Yoga/Schwimmen	
9	Kerstin	360 €	180 €	30 €	30 €	50 €	120 €	140 €	115 €		1.025 €
10					Bücher	Sport	Kind Kay	Rente	Abos/Büro		
11	Tom	320 €	170 €		227 €	10 €		85 €	160 €	Schuldenrück	972 €
12					KK	DAV		Klettern	Rente	Spotify	
13	Norman	360 €	90 €	25 €	15 €	90 €	65 €	140 €	27 €	40 €	852 €
14					GEW	Rauch	Büro	Rente	Hund/Kind	Auto/Haus	
15	Gerd	850 €	50 €	15 €	660	14	70 €	50 €	61 €	182 €	1.952 €
16		Fampacket	Spotify/Essen		KK	Fahrradversiche	Auto	Theater	Sport	Rente	
17	Gesamt	**3.425 €**								Sparbuch	650 €
18											
19	**Regelmäßige Einkünfte**							/		Schuldenrück	150 €
20	Monatlich,rein	Lohn 1	Lohn 2	Lohn 3	speziell	Zusammen				Treffenskosten	500 €
21	Branka	2.700 €	195 €			2.895 €				Seawatch	10 €
22		Lohn	Kindergeld							Bordermonitoring	10 €
23	Jan	1.350 €	555 €	250 €	175 €	2.330 €				Alarmphone	10 €
24		Laden	Hort	Honorar	Honorar					Zusammen wohnen	20 €
25	Kerstin	194 €	910 €			1.104 €				Roma direkt	30 €
26		Kindergeld	Lohn							Brot und Rosen/Peru	10 €
27	Zora	3.400 €				3.400 €				Gesamt	**9.976 €**
28		Lohn									
29	Tom		700 €			700 €				Rein	13.929 €
30										Raus	9.976 €
31	Norman	1.400 €				1.400 €					**3.953 €**
32		Uni									
33	Gerd	2.100 €				2.100 €				Extra Rein	2.110 €
34		Laden								Extra Raus	5.290 €
35					Gesamt	**13.929 €**					-3.180 €
36											
37										Rein/Raus	5.930 €
38										Extra	-3.180 €
39											2.750 €
40										Pro Person	393 €
41										Rein	0 €

N	O	P	Q	R
Sonderausgaben			**Sondereinnahmen**	
Zweck	Extra raus		Zweck	Extra rein
			Norman	
Branka Urlaub	400 €		Kerstin	210 €
Branka Birthday	200 €		Tom	800 €
Branka Klamotten	40 €		Zora	500 €
Branka Fahrrad	50 €		Branka	
Branka Fahrtkosten	200 €		Jan Hort	400 €
Norman Vorsteuer			Auto Tom/Zora	
			Gerd	
Datsche Pacht	330 €		Jan Urlaub	200 €
Norman Portugal	400 €			
				2.110 €
Fahrtkosten Tom	150 €			
Klamotten Tom				
Geburtstag Gerd	100 €			
Fahrtkosten Gerd	50 €			
Klamotten Gerd	150 €			
Reise Paris	1.000 €			
Geschenke	200 €			
Jan Klamotten	200 €			
Fahrtkosten Jan	50 €			
Bahncard	280 €			
Tom Schuhe	150 €			
Zora Fahrtkosten	140 €			
Skiausflug Kerstin	150 €			
Klamotten Zora	100 €			
Zahnreinigung Kerstin	80 €			
Kerstin Herd	150 €			
Auto Kerstin	250 €			
Autoversicherung Kerstin	320 €			
Kerstin Fahrtkosten	150 €			
	5.290 €			

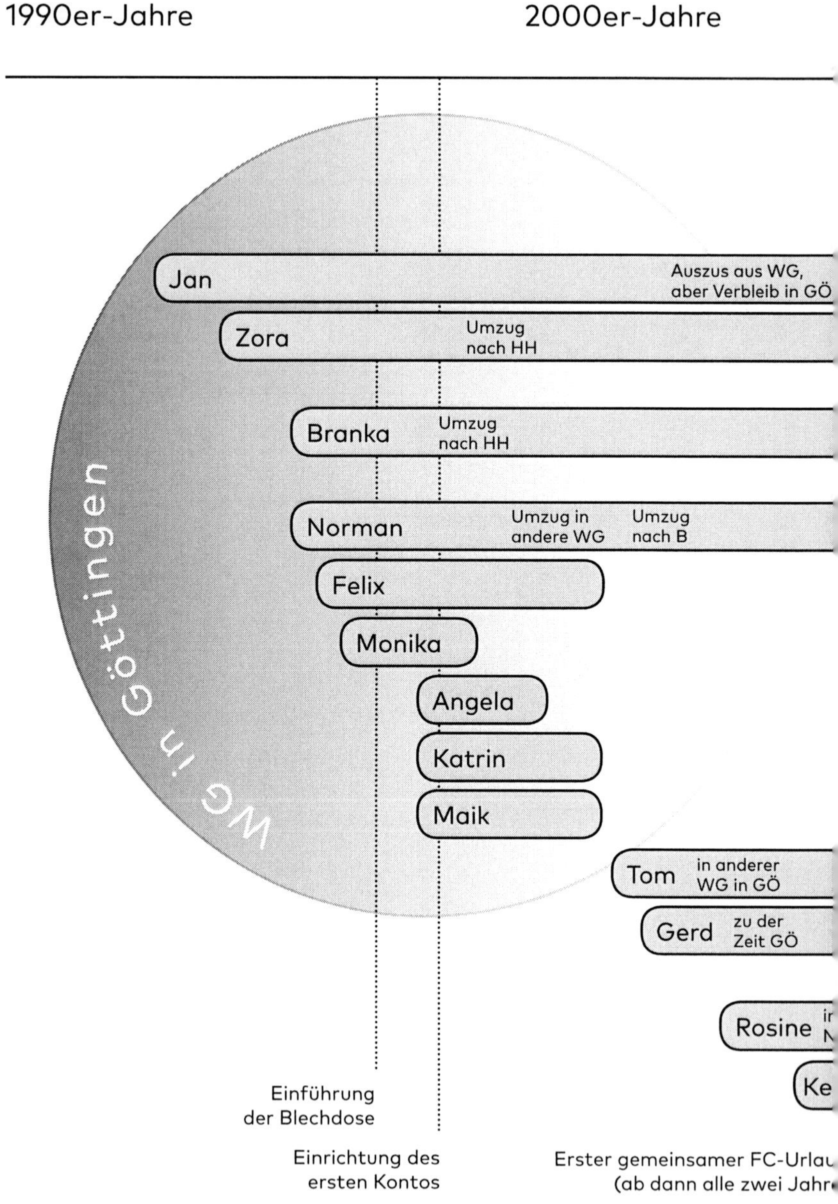
1990er-Jahre
2000er-Jahre
WG in Göttingen
Jan
Auszus aus WG,
aber Verbleib in GÖ
Zora
Umzug
nach HH
Branka
Umzug
nach HH
Norman
Umzug in
andere WG
Umzug
nach B
Felix
Monika
Angela
Katrin
Maik
Tom
in anderer
WG in GÖ
Gerd
zu der
Zeit GÖ
Rosine
Einführung
der Blechdose
Einrichtung des
ersten Kontos
Erster gemeinsamer FC-Urlau
(ab dann alle zwei Jahr

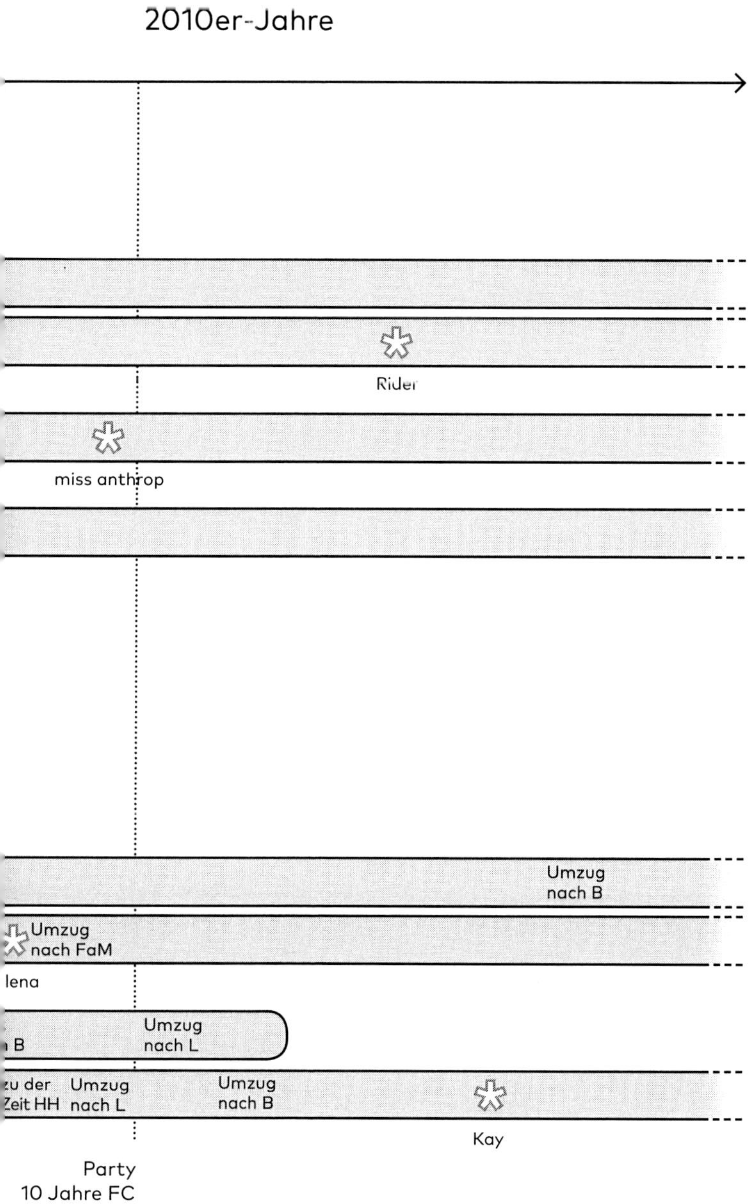
2010er-Jahre
Rider
miss anthrop
Umzug nach B
Umzug nach FaM
lena
Umzug nach L
zu der Zeit HH
Umzug nach L
Umzug nach B
Kay
Party 10 Jahre FC